优化营商环境

在路上 》》》

李河清 ◎ 著

辽宁人民出版社

图书在版编目（CIP）数据

优化营商环境在路上 / 李河清著 . — 沈阳：辽宁
人民出版社，2024.9
　　ISBN 978-7-205-11122-9

　　Ⅰ . ①优… Ⅱ . ①李… Ⅲ . ①投资环境—研究—中国
Ⅳ . ① F832.48

中国国家版本馆 CIP 数据核字（2024）第 084979 号

出版发行：辽宁人民出版社
　　　　　地址：沈阳市和平区十一纬路 25 号　邮编：110003
　　　　　电话：024-23284325（邮　购）　024-23284300（发行部）
　　　　　http：//www.lnpph.com.cn
印　　　刷：沈阳海世达印务有限公司
幅面尺寸：145mm×210mm
印　　张：5.25
字　　数：120 千字
出版时间：2024 年 9 月第 1 版
印刷时间：2024 年 9 月第 1 次印刷
责任编辑：张天恒　王晓筱
装帧设计：夏天
责任校对：吴艳杰
书　　号：ISBN 978-7-205-11122-9
定　　价：68.00 元

自 序

　　近日，有位友人问我微信朋友圈分享的"锤子便签"怎么找不到了，希望能找几篇发给他。他说的"锤子便签"记录了近三年来我关于营商环境的学习成果，每篇千字左右，写完即分享在微信朋友圈。我将朋友圈设置了"一个月可见"，恍然发现写下的最后一个"便签"已是3个月前。冬至后的第一个周末，我索性将这些"便签"整理出来，从2021年5月到2023年8月，3年多，正好30篇。午后的阳光让办公室特别温暖而安静，突然给了我启发——能否将这些零碎汇集成册？内容虽显单薄，但真切自然；继而又有了出版成书的想法，书名的灵感也来了——"优化营商环境在路上"，一语双关似乎还很贴切，因为这些"便签"全都是我在出差的路上用手机写下来的。书中内容大多是关乎优化营商环境的一些个人思考或见解，需要补充的似乎只剩下前言或序，自拟如下，即成"自序"。

　　2016年秋，一次偶然的机会我接触到世界银行刚发布的一册《全球营商环境报告》，因为英语已经荒废了三四年，阅读和理解都不太顺畅，但那一刻我无意中有一种直觉："营商环境"是一个既能帮助企业，又完全有益于政府的课题，是一个很好的研究方向。后续"营商环境"越来越受到各界重视，我们也有幸形成了包括研究、评价、咨询的一项新业务，但这的确是我和团队当时没想过、不敢想，也想不到的。

近三年，我本人和团队有机会能进一步直接、真实地了解各类经营主体以及社会各界对营商环境的感受，更广、更深地参与到一些地方的优化营商环境工作中，对营商环境的研究也日益深化。这些"便签"的主题或内容，很多都来源于我和团队这三年与"营商环境"相关利益体的交流与探讨，如企业等经营主体、政府及公共服务部门、服务机构及商协会等相关人员。这些启发性的场景和素材来之不易，以至于我在火车、飞机、汽车上不敢休息，抓紧时间一气呵成整理成"便签"，唯恐稍纵即逝。

为珍惜每一次真实的所见所闻所感，本书除了个别字句略有调整或更正，原汁原味、时深时浅、或长或短保留了当初记录并从微信朋友圈发布的"便签"本色。为了方便阅读，按照原记录时间由近及远的次序，稍作梳理进行了分类，大致分为以下四个篇章：一是对营商环境概念的学习和理解，根据世界银行报告、国家优化营商环境条例，对营商环境概念进行更通俗的阐释，结合与优化营商环境相关的政策和工作部署，加深对营商环境的了解；二是对营商环境评价的解读和认识，结合世界银行及国家相关评价体系，侧重从实践角度对评价指标、评价方法等相关内容进行梳理，探讨营商环境评价的要义及应用；三是对优化营商环境建设的思考和建议，从改革视角，站在各层级优化营商环境工作部门的角度，为各地更好地开展营商环境建设工作提供方向和思路；四是对营商环境其他相关领域的一些思考，围绕科技创新、政务服务、公用事业服务等方面，对营商环境相关领域进行更宽泛的思考，为各地增强优化营商环境与其他工作的衔接提供参考。

　　一路走来，不枉前行。感谢各位领导、专家、朋友、同事和家人的鼓励和支持。本书内容零打碎敲、不成体系，本人才疏学浅、错漏难免，恳请大家指正。

李河清

2023 年 12 月 23 日

目　录

第二篇

认识和用好营商环境评价

第三篇

对优化营商环境工作的探讨

第四篇
对营商环境相关领域的思考

第一篇

学习和理解营商环境概念

一、解开营商环境建设及评价
"疑惑"的几点建议

（2023 年 7 月 22 日）

日前，中共中央、国务院出台《关于促进民营经济发展壮大的意见》，提出要"完善中国营商环境评价体系，健全政策实施效果第三方评价机制"[1]，这既是对《优化营商环境条例》要求"国家建立和完善以市场主体和社会公众满意度为导向的营商环境评价体系，发挥营商环境评价对优化营商环境的引领和督促作用"[2]的强调，也意味着持

---

[1] 2023 年 7 月 14 日，中共中央、国务院印发《关于促进民营经济发展壮大的意见》第三十一条 . https://www.gov.cn/zhengce/202307/content_6893055.htm

[2] 2019 年 10 月 22 日，中华人民共和国国务院令第 722 号《优化营商环境条例》第一章 第八条 . https://www.gov.cn/zhengce/content/2019-10/23/content_5443963.htm

续开展营商环境评价将在一定层面或区域成为必然。因此，尽快解开目前部分地方或部门对营商环境建设及评价的几点"疑惑"尤其重要。

一、营商环境建设须理清三类关系

发挥评价的引领和督促作用，持续优化营商环境，须处理好以下三类关系：一是工作成效与评价成绩。"工作考核前三名，指标评价后三名"，个别地方或部门因此对营商环境评价不信任、对优化营商环境工作无信心。部门工作考核一般是全指标全要素，营商环境评价则只选取了与其业务相关的一个事项领域的一个指标。营商环境评价以点代面，工作考核力求全面。二是牵头部门与责任单位。"有队伍，无队友"，个别地方对优化营商环境工作有较庞大的人员组织安排，但没有形成统一的工作理念。目前部分地方或指标评价不优的原因，很大程度上是部门之间配合的问题。无论是工作还是评价，部门协同也是营商环境水平的重要体现。充分发挥部门之间的协同效应，是优化营商环境事半功倍的不二之选。三是先行改革与指标提升。"不改革，无变量"，单点突破、整体提升是统筹好先行改革和指标提升的基本逻辑。近年来国家层面部署的营商环境六城市创新试点[1]，给各地通过"示范推改革"提供了很好的借鉴，对全面理解"优化营商环境必须通过改革增加制度供给"提供了实践指导。通过先行改革撬动指标优化，才能带来营商环境建设的增量和变量。

二、营商环境评价须厘清三个概念

参与营商环境评介，客观全面准确地反映营商环境水平，须了解以下三个概念：一是评价指标。无论是评价指标，还是世行新体系所称的十大评价"主题"，都不可能涵盖企业全生命周期内与政府部门打交道的所有事项，也不可能囊括各项审批、监管和公共服务。指标是从企业需求出发，而不是依据政府层级和职能权限来设计的，包括各类考核，也不太可能完全依据被考核对象的能力和偏好来设计。评价指标的层次划分，并不是为了方便各部门分工，而更重要是站在市场主体角度来看各部门是如何共同实践的。透过一级指标看二级指标，透过二级指标看到具体事

---

[1] 2021年11月25日，国务院发布《关于开展营商环境创新试点工作的意见》，明确在北京、上海、重庆、杭州、广州、深圳6个城市开展营商环境试点。

项，这才是指标事项优化提升的有效方法。二是计分规则。自世行评价以来，"前沿距离计分法"[1]成了新名词及营商环境评价排名的代名词。其实，营商环境评价包括世行评价，计分方法并非独此一种，如直接赋分适用于大部分便利度指数的指标，"制度如何规定、效果如何、有无案例"这类问题，通常都可以直接打分。值得注意的是，世行强调"制度大于一切"，因此有制度没有案例可能得一半分，但有案例没有制度可能是零分。三是问卷资料。"无扰评价"是终级目标，但目前来看，多数评价仍离不开提供数据资料，只不过要看由谁提供、提供多少、采信谁等。准确地进行资料分类是客观反映营商环境水平的基本工作，数据的口径及来源、样本案例、佐证材料等，也许并不是常规的工作文件，强调可比性就会限制特殊性、普适性就会损失最优样本。另外，样本案例并不等于佐证材料，样本案例是参考，佐证材料是实证。

---

[1] 前沿距离计分法是世界银行评价营商环境指标的算分方法，可用于环节和时间计算。其公式为 DTF = (w−d)/(w−f)，DTF 为前沿距离值，w 为该指标的最差值数据，d 为被评对象实际值，f 为最优值（取决于自己选取的最优值数据，实际项目中选择排序第一的实际数据）。

三、抓好营商环境建设及评价的三点建议

充分发挥营商环境评价"以评促改、以评促优"的机制效力，须注重以下三个方面：一是培训。"不信任缘于不知晓"，目前部分地方对营商环境建设的理解、协同，以及对评价的参与度、认同感等不强，一定程度上是因为对营商环境相关概念了解不透不全，包括对优化营商环境条例等法规文件学习不够。理念、内容、方法三个层面的培训须同步加强，理念管方向、内容靠协同、方法助实施，从战略、战术到战斗、缺一不可。因此，对什么是营商环境、如何看待营商环境评价、如何做好优化营商环境工作这"三部曲"应该系统了解。二是"对表"。即通常所说的对照评价结果进行整改或提升。"对表"不只是要找到问题，还必须找到整改或提升的方法。评价报告的基本使命是讲清评价的依据和结论，如适用"前沿距离计分法"的部分指标通常只能反馈与最优值的差距，无法深入精准地阐述产生差距的缘由。如何透过评价报告中的得分和排名，找到真正的问题、实际的原因，不仅取决于"以评促改"的态度和决心，更重要是分析问题的能力和方法。三是"对标"。

即找到最优或适用借鉴学习的"标杆"。"对标"不只是要找到标杆，还必须找到借鉴并优化的路径。评价报告或先行改革事项案例，披露的最佳实践或优秀做法，给相关事项领域提供了目标方向及改革创新的思路，如何因地制宜进行"复制"，需进一步研究和探索。盲目悲观地拒绝"典型经验"、生搬硬套地"照抄作业"，都违背了"以评促优"的逻辑。有时不是标杆没找对或找准，可能是路径没找到或找错。

准确地理解什么是营商环境、客观地看待营商环境评价，是做好优化营商环境工作的前提。优化营商环境由此出发，一直在路上。

二、建设全国统一大市场背景下营商环境建设及评价的三大变化

（2023 年 6 月 26 日）

党的二十大报告强调，构建全国统一大市场，深化要素市场化改革，建设高标准市场体系[1]。2022 年，中共中央、国务院《关于加快建设全国统一大市场的意见》印发实施。今年 5 月 19 日，国务院常务会议研究了落实建设全国统一大市场部署总体工作方案及近期举措。6 月 2 日，国务院常务会议听取优化营商环境工作进展及下一步重点举措汇报，并指出要围绕放宽市场准入、促进公平竞争、保护知识产权、建设统一大市场等方面，深化营商环境重点领域改革。

---

[1] 2022 年 10 月 16 日，党的二十大报告第四部分 . https://www.gov.cn/zhengce/202312/content_6921244.htm

从建设全国统一大市场要求"加快营造稳定公平透明可预期的营商环境",以及最近国务院常务会议将建设全国统一大市场列为优化营商环境工作的重要方面,意味着围绕建设全国统一大市场,进一步优化营商环境列为重点工作。由此,营商环境建设及评价会有哪些变化?

一、营商环境好不好,不能只看单一企业单一事项的便利度

受世界银行原营商环境评价体系影响,以及"放管服"改革引领,优化营商环境在我国"启蒙"及很长时间以来,很大程度上以"便利度"改革为主线,通过可量化的企业办事的时间、环节、成本,以评价来督促各领域改革。建设全国统一大市场,将针对单一企业单一事项的改革固化至体制机制层面,通过建立基本的制度规则,保障持续适用更多市场主体、更广泛地域、更多事项领域。从改革经验上升为制度规则,将进一步考察并考验过往的改革:一是能不能集成协同,即多项改革能不能在同一领域融合发力,且不产生"合成谬误",原有改革是由各地各领域不同市场主体需求触发的,需要通过制度来集成并规范。二是能

不能持续高效，适月一时而不能长久，不可能制度化规范化，在形成规制过程中，临时性、碎片化的经验做法将被淘汰。三是能不能复制推广。对改革典型经验和优秀做法的参考应用，以往各地是可选择性的，有可能还要通过评价倒逼，一旦上升为制度规则将是强制性的。"一枝独秀不是春，百花齐放春满园"，将营商环境改革的每一块"砖"砌成"阶"、搭成"梯"，各地营商环境才能拾级而上。

二、营商环境好不好，不能只问本地企业民营企业的感受度

市场主体感受度是目前多数营商环境评价的重要考量因素，甚至部分评价体系和结果完全采信于企业调查。世行原评价体系的样本选择也要求按模型选取当地相应的私营企业或项目。对照建设全国统一大市场的要求，反观目前评价中的通行做法，只对本地企业进行调查研究，显然是片面的，譬如潜在投资企业、在某地有经营活动但不一定在当地注册的企业，可能对当地营商环境的评价更客观、更有比较依据，也更真实。另外，优化营商环境条例强调以市场主体感受度为平价导向，并非有限所指当地企业。

建设全国统一大市场，意味着优化营商环境将面临三个转变：一是从服务企业到服务市场转变。要素与资源自由流动的基本前提和标准，是市场规则统一，公共服务无差别，服务市场是营商环境建设的高阶要求。二是从最优样本到通行实践转变。营商环境"小切口"改革，必须通过全国统一大市场融入"大场景"，确保改革红利共享，实现各地营商环境水平均衡。三是从服务本地发展到服从市场公平转变。优化营商环境的终极目标是发展经济，但利于本地经济发展不得通过地方保护或不公平市场竞争来实现。"己所不欲，勿施于人"，解决本地企业遇到的顽瘴痼疾，优化服务，要同等应用于外地、外来企业。"大市场"急需"大环境"，重视更广泛的市场主体感受度及社会评价是优化营商环境的更高要求。

三、营商环境好不好，不能只谈政府部门公共服务的满意度

营商环境的建设、提升与维护，将涉及更广泛领域的更多利益相关体，优化营商环境不再局限于目前所说的指标事项的牵头或责任部门。刚性的行政审批、柔性的涉企

服务，都需要更大力度的改革创新。优化营商环境需要从满足企业办事需求，跃升至赋能产业。建设全国统一大市场，优化营商环境重点要解决三个方面的问题：一是如何落实平等准入，无论是制度规则，还是公共服务，任一市场主体的满意，若有违或有损其他市场主体的公平性将不被允许，如对特定市场主体的一企一策、绿色通道等。二是如何维护公平竞争，包括政府采购、招标投标、市场监管、解决纠纷等，目前的评价大多都采信正向样本并肯定改革，往后反向案例可能成为判定实施成效的关键，如对特定企业的资格优先、补贴政策等。三是如何实现信用普惠，能否充分体现信用的权威和价值，最大限度实现社会信用共建共享共用共治。目前营商环境建设及评价较多注重平台建设及信息归集，往后将更多关注应用及其成效，如信用融资、分类监管等。"没有不满意才是真正的满意"，公平对待市场主体是营造公平市场环境的前提，较宏观调查统计的满意率，未来营商环境评价将更关注"不满意"背后的真正原因。

世界银行即将开始实施的新的营商环境评估体系（B-READY，暂译称"营商就绪"），非常巧合地反映了下一步优化营商环境工作的重心转向，包括指标设计、评估内容、评估方法等，特别是将原有分散的二级指标，如时间、环节、成本等，改成了统一的三个维度，即制度规则、公共服务、实践成效。

建设全国统一大市场背景下的优化营商环境，已经在路上。

三、学习和理解国常会研究优化营商环境的相关内容

（2023 年 6 月 5 日）

国务院 6 月 2 日召开常务会议，听取优化营商环境工作进展及下一步重点举措汇报等。据公开信息，这是新一届国务院召开的第七次国务院常务会议，也是首次将优化营商环境作为主题之一。根据会后新闻报道，有关优化营商环境的内容有 260 多字，依次对照会议提出的三大举措，学习理解如下：

"一是要把打造市场化、法治化、国际化营商环境摆在重要位置，进一步稳定社会预期，提振发展信心，激发市场活力，推动经济运行持续回升向好。"[1]

---

[1] 2023 年 6 月 2 日，国务院总理李强主持召开国务院常务会议指出 . https://www.gov.cn/yaowen/liebiao/202306/content_6884318.htm

此次会议再次强调，市场化、法治化、国际化"三化"是优化营商环境的准则和目标，无论怎么定义和概述，甚至将营商环境划分成多少小的环境，都不能离开这"三化"。会议提出要把优化营商环境"摆在重要位置"，也并无"更加重要"等措辞。可能预示从国家层面要对优化营商环境的领导和统筹机制进行重构和加强。此前，优化营商环境与"放管服"，从属及主次关系渐有模糊，而且从报道来看，此次会议没有提及"放管服"。如何理解"摆在重要位置"？从体制机制方面，通俗而言，一是思想认识方面，本次会议已经结合对当前经济形势的分析，强调了优化营商环境必要性、紧迫性，以及在稳预期、提信心、激活力等方面的无可替代性；二是领导机制方面，必然会要求各级各部门主要领导亲自抓，类似于常说的"一把手"工程、"双组长"机制；三是组织保障方面，机构班子要高规格，无论是"领导小组办公室"还是常设机构，都要能保障高位、强有力推进。

　　"二是要坚持问题导向，聚焦企业反映的突出问题，从企业实际需求出发，在放宽市场准入、促进公平竞争、保护知识产权、建设统一大市场等方面，分批次加快推出针对性强、含金量高的政策措施，并通过深化营商环境重点领域改革，切实增强政策有效性。"[1]

这次会议明确提出，要围绕市场准入、公平竞争、知识产权、全国统一大市场四个方面推出政策举措。相比党的二十大报告提出的"产权保护、市场准入、公平竞争、社会信用"等，有两处变化，一是将产权暂时具体聚焦在知识产权，二是以当下之重要的统一大市场建设替代了具有长期性的社会信用体系建设，这一方面突出了"问题"和"需求"导向，也有利于保证政策举措"针对性强"和"含金量高"。另外，此次强调政策举措要"分批次"，意味着不再一次性推出"一揽子"政策措施。这部分内容再次强调，优化营商环境是改革，一是要坚持用改革的办法解决发展中的问题。解决企业反映的突出问题、符合企业的实际需求，建设并完善市场经济体制等，只有通过改革才能建成"有为政府、有效市场"。二是要通过深化改革增强政策有效性。言下之意，政策的落地落实不是简单的服务和技术的问题，取决于改革的决心与力度。

---

[1] 2023 年 6 月 2 日，国务院总理李强主持召开国务院常务会议指出 . https://www.gov.cn/yaowen/liebiao/202306/content_6884318.htm

"三是要着力强化服务意识，加大政策落实力度，打通政策落实堵点，确保政策落到实处，让企业有更多实实在在的获得感。"[1]

新闻通稿没有披露此次会议上由谁或哪些部门汇报了"优化营商环境工作进展及下一步重点举措"，但通过近期各领导各部门的"调查研究"，应该是了解到企业等市场主体对政策落实、获得感方面还存在部分问题。这里着重强调了"服务意识"，与近期世行推出的新的营商环境评价体系及其理念完全一致，即世行新评价体系的三个维度，在规制方面进行了哪些改革、提供了哪些公共服务、规制和服务在实践中"合成"的效果如何。由此，营商环境建设与评价的趋势也值得思考，一是评价不可能简化到只问"企业获得感"。即使强调"以企业感受为第一感受"，但从营商环境建设角度而言，企业获得感是滞后的结果，源头由政府及公共机构的"服务意识"决定，靠在实践中去落实。二是评价不可能停留在纸上谈兵论改革。有没有应用场景、能否真正落实并再复制推广、市场主体普惠的

[1] 2023年6月2日，国务院总理李强主持召开国务院常务会议指出. https://www.gov.cn/yaowen/liebiao/202306/content_6884318.htm

感受度如何，都应该成为考量因素。三是评价体系即使不完美也不代表评价不需要。如何衡量改革、服务，以及两者是否真正落到实处，评价与考核几乎不可能完全取消，也无法完全按被评价、被考核对象的期望进展。

限于公开报道的内容，无法全面了解、分析此次会议对优化营商环境的更多新要求。依据"分批次加快推出"的会议精神，相信国家层面很快会出台详细的政策举措、具体的工作安排。总体而言，此次会议充分明确了优化营商环境的重要理念和方法：深化改革，强化服务。同时表明：优化营商环境已进入新的更高阶段，改革不再只是"减环节、减时间、减成本"，而是要从根本上解决市场经济体制中的难点问题；服务不再只是提高市场主体"办成一件事"的便利度，而是要从深层次解决改革落地与政策落实的堵点问题。

四、对营商环境与市场主体满意度
的三点思考

（2021 年 9 月 12 日）

好的营商环境是生产力、竞争力。优化营商环境是涉及发展的体制性、制度性安排，实质是重塑政府和市场的关系，使市场在资源配置中起决定性作用，更好地发挥政府的作用，真正做到"有效"市场、"有为"政府。优化营商环境工作，主力在政府、动力在市场、潜力在社会。优化营商环境的工作成效，如何在市场主体满意度方面得到充分体现，须关注并处理好以下三个问题。

一、改革创新"小切口"与工作成效"大数据"

优化营商环境工作在建设普适性的行政审批与公共服

务制度和流程之后，主要围绕市场主体在运营过程中遇到的"难点、堵点、痛点"展开，因为主体、事项、地域、阶段等不同，改革举措一般直面主题，以"小切口"进入，好处在于，一是便于突破，二是讲求时效，三是稳妥试点。因此，这种以市场主体需求为导向的改革，以及便企利民的优化营商环境举措 较多是细碎的，自下而上、务实管用，且较好地解决了市场主体"急难愁盼"等问题。当前，一些地方或部门围绕企业全生命周期，以"高效办成一件事"为抓手，以单点突破带动营商环境便利度整体提升，其思路和做法很值得学习和借鉴，很好地诠释了从"小切口"着手的理念。化整为零、零存整取，改革"积跬步以至千里"。

目前，也存在一些地方或部门，以工作成效的"宏观"数据代替具体改革事项的推进与落实，过多地、笼统地以"减环节、减时间、减费用、减材料、减跑动次数"等来衡量优化营商环境工作进展。如强调全年共减少多少时间、材料等，较上年减少了百分之多少。如何生动具体地描述针对某一事项进行了哪些改革、市场主体获益如何、机制如何确保长效，这些总结和梳理可能比"大数据"统计更让市场主体有感受。

世行评价的逻辑值得参考，世行营商环境报告每年除了发布各参评经济体的得分与排名，还有很重要的一部分内容，就是介绍上年度全球优化营商环境领域的主要改革举措和经验，如世行报告总结，2003 年至 2020 年，在 10 个评价指标领域，全球范围内实施了 3500 余项改革，并且在 2018 年达到了峰值，2017—2018 年度，有 128 个经济体进行了 314 项改革。其中，中国在此两年间每年有 7~8 项主要改革，助推其营商环境获得了极大改善和进步，从全球第七十八名跃升至第三十一名，连续两年被列入全球优化营商环境改善幅度最大的十大经济体。

二、公共服务"便利度"与履职尽责"饱和度"

营商环境评价的正确主张是，通过行政审批与公共服务的具体案例，来评判一个地方的营商便利度，通过实证间接地反映市场主体对营商环境的满意度，让市场主体的感受有客观依据，而不是主观片面的感觉。因此，营商环境评价不是对政府部门的工作考核，不以你"做多做少"为依据，有时可能恰好相反，政府部门"少做"，营商便利度反而更优，有如"不管""少管"，可能更受市场主体欢迎。这也是"放出活力、管出公平、服出便利"的底层逻辑。当前，有地方提出的"以制度供给持续推进营商环境革命"，生动解释了优化营商环境工作的本质和内涵，即推动"政策红利"向"制度红利"转变。从营商环境"服务"到"改革"，再到"革命"，深刻揭示了优化营商环境工作的重要性，优化营商环境并不是日常工作中的"小修小补"。

目前，一些地方或部门对营商环境评价、优化营商环境工作的认识尚有偏差，在评价中过多地总结和描述部门工作节奏和负荷、服务市场主体的数量与工作量，未从利企便民角度持续深化体制改革、机制创新，而是短期应对企业的部分服务需求，如增设办事窗口、派驻服务专员、开辟"绿色通道"等。如有的地方或部门对优化营商环境工作的总结，无非某年度共联系走访企业多少家、召开政企对话会多少次、派出企业或项目服务专员多少人、处理涉企历史遗留问题多少件、拨付多少政策性扶持资金等内容。

世行强调"制度比人重要"，如果一个国家或地方的制度持续改进，那么营商环境将会整体改善。世行营商环境评价的一个基本理念是，领导更替频繁，做法也会因人而异，只有稳定的制度才是可靠的。世行这一逻辑的背后还有一个很容易理解的假设，只要改革向前，即使最差的实践也很难回到过去。从世行历年的营商环境报告中可以看出，一个经济体在体制机制方面的改革会直接影响营商环境便利度得分和排名，即决定营商环境水平的高低。为此，世行营商环境评价强调制度比人重要，旨在倒逼体制机制改革，推动建立稳定、公平、透明、可预期的营商环境。

三、营商环境"满意度"与市场主体"参与度"

营商环境评价是否需要大范围、深层次地调研市场主体的满意度，一度成了评价方法争论的焦点，也成为部分地方或部门拒绝接受世行营商环境评价体系的原因之一，因为世行评价不直接采用市场主体问卷调查方法，也不采信与评价指标事项无关的市场主体反馈。世行认为"便利度"比"满意度"更可信，只要是实实在在的便企利民改革，不需要任何主观评价，而是应该以客观的"便利度"来进行比较和描述。

目前，部分评价体系将国家《优化营商环境条例》中"建立和完善以市场主体和社会公众满意度为导向的营商环境评价体系"，以及"以企业评价为第一评价，以市场主体感受为第一感受"，片面理解为"企业满意度调查"是营商环境评价最科学的且唯一的方法，通过普遍、大样本量的问卷调查和宏观统计数据，来评判某一个地方营商环境的优劣。这样不仅没能精准地找到存在问题，也很难真正发挥"以评促改、以评促优"的效力。类似的例子，如有的地方或部门调研市场主体对政策的知晓度、政策落实的满意度，如果部分企业本身对一些地方政策就没有兴趣或是不太信任，"参与度"势必会影响"满意度"。

决定是否采用、采信"满意度"评价，有三个问题值得思考：一是如何确认参与主体的相关性？与营商环境相关，但是否与具体行政审批或公共服务事项相关，如是否可以让一家已成立10多年的市场主体，去评价当前"开办企业"的便利度；二是如何确认反馈结果的真实性？市场主体实际存在，并不代表他对营商环境的感受度就一定真实，是相信个案说法，还是相信调研结果的统计比例；三是如何确保结果运用的有效性？调研或评价的目标是促进改革，完善制度供给，满意度提升是改革的衍生物，并不是改革的唯一目标。另外，正如赫茨伯格的"双因素理论"所述，

"满意的对立面并不是不满意而是没有满意；不满意的对立面并不是满意而是没有不满意"。因此，单纯以提升"满意度"而触发的改革，并不一定科学、全面、彻底。

五、如何看待优化营商环境

（2021 年 5 月 22 日）

一、优化营商环境不是"空穴来风"

"只有建设好投资、营商等软环境，才能有效遏制东北资本、人才流失状况，打破所谓'投资不过山海关'的说法，使资本、人才成为东北振兴发展的重要助力。"[1]

优化营商环境是涉及发展的体制性、制度性安排，实质是重塑政府和市场的关系，使市场在资源配置中起决定性作用，更好地发挥政府的作用，真正做到"有效"市场、"有为"政府。当"要素红利"让位于"创新红利"，"政策红利"让位于"制度红利"，营商环境的价值更加凸显。

---

[1] 2018 年 9 月 28 日，习近平总书记在深入推进东北振兴座谈会上提出。

从 2020 年 1 月 1 日起实施的《优化营商环境条例》，系统地总结了近年来我国优化营商环境的经验和做法，将实践证明行之有效、人民群众满意、市场主体支持的改革举措用法规制度固定下来，重点针对我国营商环境的突出短板和市场主体反映强烈的痛点、难点、堵点问题，对标国际先进水平，从完善体制机制层面作出了相应规定。

二、优化营商环境不是"权宜之计"

"深入推进简政放权、放管结合、优化服务，深化行政审批制度改革，改善营商环境，激发各类市场主体活力。"[1]

优化营商环境在经济社会发展中的作用、地位已经提升到全新的层次和水平，也就是说不仅要利企便民，更要肩负起激发市场活力、推动高质量发展、推进国家治理体系和治理能力现代化的时代任务。

一是优化营商环境是建设现代化经济体系、促进高质量发展的重要支点；二是优化营商环境是提振市场信心、增强内生动力的有力举措；三是优化营商环境是进一步扩大对外

---

[1] 2019 年 10 月 28 日—31 日，党的十九届四中全会提出。

开放和提升国际竞争力的题中之义；四是优化营商环境是以
制度及政策确定性应对发展环境不确定的关键一招。

三、优化营商环境不是"花拳绣腿"

"对必须取得突破但一时还不那么有把握的改革，就采取试点探索、投石问路的方法，先行试点，尊重实践、尊重创造，鼓励大胆探索、勇于开拓，提炼经验、看准了再推开。" [1]

一是优化营商环境要向改革要动力，坚决破除顽瘴痼疾。优化营商环境提出的"市场化、法治化、国际化"原则，蕴含了所肩负的改革开放使命。改革已经进入攻坚期和深水区，改革进程中的矛盾只能用改革的办法来解决。通过开放倒逼改革，通过改革扩大开放。二是优化营商环境要尊重首创精神，鼓励差异化探索。近年来优化营商环境领域的许多举措都来源于地方，如"最多跑一次""不见面审批"等。2019 年 9 月国务院专门发文，要求在全国复制推广借鉴京沪两地优化营商环境改革举措。三是优化营商

---

[1] 2017 年 5 月 23 日，习近平总书记在中央全面深化改革委员会第三十五次会议上指出。

环境要创新管理方式，不断提高服务水平。通过营商环境建设，推动政府职能深刻转变，解决政府职能错位、越位、缺位和不到位的问题；倒逼政府的内部机构、职责和业务有机融合，使机构设置更加科学、职能配置更加优化、权责更加协同。

六、关于营商环境的几点体会

（2021 年 5 月 10 日）

一、行政审批与公用事业服务

两者正相关，一个地方行政审批流程繁复，公用事业服务一定好不到哪儿去。既是一种现象，也成了一种规律，好比一个学校的"校风"与"学风"。如营商环境评价中的"获得电力""获得用水用气"，以及"获得信贷"等指标。

二、"硬环境"与"软服务"

世行评价从未忽略这两者的关联，如"开办企业"，政务中心、窗口设置、线上平台、技术支撑等，很大程度上决定了服务的效率；如"获得电力"，发电量、输配电系统等，直接影响接电效率。

三、改革的成本与收益

改革和创新需要付出成本甚至代价，就如优秀的互联网平台都不是"横空出世"，而是久经迭代；就像都知道6G 肯定会来，但从不会停止 4G、5G 建设。民有所需、改革必需，有些"重复建设"值得，但浪费时间才是最大的浪费。

四、"放管服"与"最后一公里"

优化营商环境不存在"最后一公里"，因为"永远在路上""只有更好，没有最好"。"放"出活力、"管"出公平、"服"出效率，依次递进、循环相依。"放"尚未彻底，减环节、减时间、减成本、减材料、减跑动次数，仍有很大空间。

第二篇

认识和用好营商环境评价

七、世行新营商环境评价方法的三大变化

（2023 年 5 月 16 日）

经过较长时间研究、磋商和多轮迭代，5 月初世行新的营商环境评价体系，包括项目名称、评价方法和评价内容等，正式确定并发布。这标志着世行新一轮全球营商环境评估正式启动。浏览世行新营商环境评价项目（项目名称 Business Ready，简称 B-Ready；中文暂译为"营商就绪"）的两份核心资料——《概念说明》和《指南手册》，对比世行原有以及国内主要评价体系，评价方法有如下明显变化：

一、评什么。世行继续沿用企业全生命周期概念，将原 10 项一级"指标"升级为十大"主题"，这表明，一方面评价内容外延扩大，如"开办企业"升级为"企业准入"，

考查的将不再只是企业登记注册的环节、时间、成本等问题，而涉及开设一家任意类型、行业、所有制企业的"许可""公平""便利"等；另一方面内涵拓展，不再就单一企业为样本考查审批或监管等方面的便利度，还得考查企业准入的法规体系、公共服务，以及实践中的效率，在效率方面，除了考量单一企业便利度，还兼顾这一主题的全社会效应，统称"社会效益"，如权利保障、机会平等、公平竞争等。通俗而言，每一主题项下有三个考查维度，即：1.监管体系怎么规定的？2.提供了哪些公共服务？3.监管体系与公共服务在实践中如何融合、效果如何？此外，还将现代社会的三大普遍关切——环境可持续、信息技术应用、男女平等，贯穿于十大评价主题。相较世行原有评价体系，基于一个假设模型的"三问"——怎么规定的、怎么做的、样本案例在哪儿，评价内容要详尽且复杂更多。

二、谁来评。从新体系确定的评价数据来源来看，共四个渠道——专家、企业、政府和世行职员，并强调以前两者为主，后两者只作为参考或用于交叉验证。从项目团队分工来看，专家、政府、世行职员的问卷收集由新组建的"指标小组"来组织，企业调查将借用世行已有的企业调查团队及其系统和资源，当然，"指标小组"参与企业问卷设计。通过对以上四个数据采集来源分析，有三点值得关注：一是专家完全独立于政府部门和公共服务机构，包括私营机构中的律师、会计师、私营工程承包商、货代公司等，对专家人数的要求是人口 100 万以下的经济体每个主题至少 2 名，其他 3~5 名，最终纳入评价的专家问卷最多 5 份。二是"对有 5 名或以上员工的非采掘业和非农业的私营企业进行全国性的抽样调查"，这意味着参评经济体任一地域的企业都有可能成为调查对象，不再像原来限定在参评经济体的 1~2 个主要城市。三是政府部门会被邀请填写问卷，但每个主题问卷仅限一份综合性的回复，即完整"答卷"。更值得一提的是，各参评经济体每一主题项下的政府"答卷"，将在评估报告发布时通过世行网站全文同步公开。"背靠背"地评、"面对面"地晒，参评经济体及其部门可能会"压力巨大"。

三、如何评。从世行计划的第一轮评估来看，周期为 3 年，每年纳入约 60 个经济体，3 年达到约 180 个经济体，基本实现全球覆盖。从公布的第一批 54 个参评对象来看，基本上为发达经济体。从某种意义而言，间接体现了以评促改的三点策略：一是循序渐进，先进带后进，以时间换空间，给后进者机会，但也不能让先进者骄傲。二是通过评价发现的"良好实践"，可为下个批次参评对象提供借鉴，让其知方向、有信心。三是"营商环境没有最好只有更好"，"滚动"评价，督导营商环境改革一直在路上。另外备受关注的是，世行是否或者将如何披露综合得分和排名。尽管世行一再强调要淡化排名，只最大限度地激励改革，也坦言"还没有决定是否会在各主题的分数之外产生更高层次的总分"，但可以想象，十大主题的分数都已公开，且计分原则为十大主题等权重，综合得分和排名也自然水到渠成。

评价、指标、排名，无论是营商环境建设，还是其他领域，已普遍成为推进工作的重要手段和方法，众议纷呈又似乎无可替代。世行也几乎如此，尽管将营商环境"评价"改成了"评估"、将"指标"改成了"主题"，并且仍在想办法"避免围绕经济体排名而过度炒作或恶性竞争"，好像仍无法逃脱这三大"魔咒"，甚至越发复杂难耐。当世行评价不再通过"模型"选择有限"样本"，不再局限于每一参评经济体的1~2个代表城市，营商环境建设及其评价，让更多地方、更多部门或机构、更多人，更加觉得无一能置身事外。

八、营商环境评价"恐惧症"如何破

（2022 年 8 月 10 日）

开展营商环境评价，是国家《优化营商环境条例》作出的制度性安排，是对一定区域营商环境现状的检验，是对一定周期内营商环境改革的检阅。营商环境评价结果为企业家提供了投资参考，也为政府部门提供了改革方向和动力。

以评促改、以评促优。当营商环境评价结果用于政府部门考核工作、奖优罚劣、督导改革，不少参评对象对营商环境评价心生畏惧。如何破除相关人员对营商环境评价的"恐惧症"，客观真实地反映营商环境水平以及改革进展，确保营商环境建设行稳致远，形成优化营商环境工作"人人参与、处处都在、事事相关"的工作氛围？建议如下：

一、持续推进改革，让"实招"见"实效"，以"实效"亮"实绩"

优化营商环境的实质是改革，是针对企业等市场主体开展经营活动增加或改善制度供给，改革体制机制性因素和条件，提升营商便利度。营商环境评价是从市场主体获得感出发，考量改革举措和制度，研判改革成效。因此，改革是营商环境优化提升的主变量，改革的力度与深度，从制度与成效两方面决定了营商环境评价的成绩。最简捷的评价方式，其实只需问各指标事项的主管部门三个问题，即：进行了哪些改革？将改革固化成了哪些制度？相应的案例和成果在哪儿？营商环境"优无止境"，决定了持续改革对营商环境评价的重要性。针对目前以事项为指标的评价体系，大部分以环节、时间、成本等作为二级指标，这也迷惑了部分参评对象，花很多精力去梳理相关办事流程。站在评价机构角度，对如何产生、减少或增加这些"环节、时间、成本"的原因可能更感兴趣，这也是评价机构识别改革真伪的依据。建议参评对象：一是要围绕提升便利度谋划改革，特别是有利于降低制度性交易成本的改革举措；

二是以改革为主线，从提升便利度方面梳理指标优化的成效，如减环节、减时间、减成本；三是依据改革成效来回应评价指标，如评价中要求提供的制度文件、数据信息、样本佐证等。

二、强化指标提升，以"示范"建"制度"，依"制度"找"样本"

评价指标体系不仅为优化营商环境提供了参考大纲，更重要的是为优化营商环境工作提供了基本思路。目前围绕企业全生命周期的评价指标，所涉及的都还只是审批、监管和服务中的"普通事件"，即使有部门觉得指标提升难度太大，如"开办企业"肯定难不过"企业变更"，这也是世行近20年依然维持10个指标事项，并且两个指标直到体系完结仍在'观察席'的原因。围绕普遍性事项做改革，一是上手快，省略熟悉时间，且场景可高频次重复，如选择社会投资类小型工业项目作为"办理建筑许可"的模型；二是易验证，任何改革都有风险，先行先试的本意就是在发展中试错、在试错中发展，能够真正做到进退可控、收放自如；三是可比较，如果指标事项对评价对象而言"你有我无"，评价体系就失去价值，衡量指标的适用性只有两方面，市场主体的适用和需要。评价要求改革必须从具体案例上升为制度，凝练成普适的流程，再必须通过已经定型的制度和流程能找到普遍的样本。

三、做好协同联动，变"模考"为"体验"，以"体验"答"考卷"

优化营商环境是系统工程，市场化法治化国际化、企业生命周期、围绕市场主体需求，涉及"放管服"各方面。评价中的所有指标事项，目前来看很少能由某单一部门独立完成，这就要求针对每一事项的改革，都需要参与部门协同推进。评价中常见的指标得分低，主要是部门协同的问题，如不能综窗办理一般无法减环节、不能并联办理则无法减时间，"合办"与"联办"的本质是倒逼部门协同。认识到营商环境是改革需要战略思维，攻坚改革需要战斗精神，指标优化与做好评价则要讲究战术，其中最重要的就是要做好部门协同。应对评价，一是不主张反复"模考"，营商环境评价不是考试，是对过去改革成效的呈现，即使是应考，如果能力没有提升，成绩也无法提高。熟能生巧，适用于流程化作业，但不适用营商环境改革。二是要注重市场主体的真实体验，即从企业办事角度，再思考、分析、梳理、总结，究竟较上一评价周期内，从哪些方面提升了便利度，并且这些便利措施哪些已经固化成制度；三是依具体案例来回应具体指标和评价要点，以实证来反映改革成效，这样才能保证有样本、有制度、有数据。这也是优化营商环境工作与营商环境评价的基本角度，从市场主体的需求和感受出发。

营商环境评价指标无法涵盖被评价对象涉企服务的所有事项和工作内容，评价结果也无法和工作考核完全对应。存在即合理，营商环境评价结果至少从市场主体角度，反映了一个地方或部门，究竟有多大意愿、多大改革勇气、多少实际行动为企业等市场主体服务。

九、世行宜商环境评价体系带来的新挑战

（2022 年 7 月 12 日）

2022 年 2 月，世行公布了新的营商环境评价体系（BEE，暂称"宜商环境"），并且计划明年下半年发布适用新指标体系的评价报告。目前，除世行团队以外，各界对这一新体系的研究与解读有限，也不见得科学、准确、全面。究竟世行新的评价体系，会对优化营商环境工作带来哪些新的挑战？主要表现在以下几个方面：

一、理念的"变"与"不变"

世行约 2000 年开始研究营商环境，2003 年至 2019 年，连续发布 17 期《全球营商环境报告》，覆盖 190 个经济体。

独特的指标体系、评介方法、计分规则，得到了社会各界的普遍认同与遵从。但某些指标的适用性、评价样本的以偏概全、对程序时间戎本的刻意量化和追求等，也难免被研究机构以及被评价对象质疑甚至诟病。特别是沿用这一评价体系，对基层或微观区域进行评价时缺陷更为明显。宜商环境评价体系的建立，对过往评价体系的理论与实践进行了较为全面的总结，尽可能扬长避短。读懂、弄通、用好一套评价体系，全面了解设计的理念与逻辑尤其重要，而不能只停留在对指标的理解。

综合来看，新的评价体系仍坚持几个理念不变：一是立足市场主体考查全生命周期营商便利度；二是强调制度比人重要；三是尽量不用统计数据代替企业真实的获得感。当然也有一些变化，譬如：一是从考量"软服务"到关注"硬支撑"，在每个指标领域都加入数字与信息技术应用的评价要素。二是从关注"最优"到考量"普适"，适用于更多甚至全部市场主体的规则和服务，才是最优的做法，这是新体系很重要的一个转变。三是从考量"通用需求"到关注"多样需求"，如"获得场地"不再只是通过"办理建筑许可"来考量新建项目，还包括场地租赁；"金融服务"也不只是银行信贷，还包括投融资和上市等。

二、方法的"变"与"不变"

世行营商环境评价，以及国外其他评价的逻辑方法，与国内研究和应用的部分评价体系有较大区别，甚至完全倒置。譬如世行的逻辑顺序是：怎么规定的（说的）？怎么执行的（做的）？有什么效果（成效）？而国内通常倒过来，类似于写稿和开会的节奏，汇报成效、描述路径、举证依据。

世行相信，说到、做到是"做好"的基础。世行新的评价体系仍然坚持这一评价逻辑，在评价方法中有三个未变：一是"查"和"问"，查文件依据，问专业人士或中介机构；二是"制度"与"实践"，主张有制度依据的实践、有实践应用的制度；三是"案例研究"与"专家征询"，更愿意相信第三方或专家的体验与判断，避免在政府部门与市场主体的理解、反馈、佐证不一时，有失公平公正。也有部分变化值得关注：一是增加"问"市场主体，即针对部分指标开展企业调查；二是强调"成效"比制度和实践更重要，倒逼各项改革落地与落实，真正惠及市场主体；三是有可能取消与政府部门的磋商机制，完全实行"背靠背"的评价。

三、协同的"变"与"不变"

任何一类评价，基于评价目标、指标数量、对象范围、时间周期、评价方法等，涉及的对象和主体千差万别，目前来看，营商环境评价所涉及的部门和人数较多，如何通过参与评价，建立日常工作中的协同机制，也是营商环境评价潜在的目的之一。评价结论通常有一个假设，如果参与评价时部门无法协同，日常服务市场主体也一定是各自为政。世行无论是新旧营商环境评价体系，很少提及也无法约定各个指标事项的实施主体，也就是我们常说的牵头部门或者责任部门，世行通过评价，引导营商环境建设"无处不在、无事不扰"。但受制于职能分工、层级权限等，目前很少有评价指标涉及的事项能在一个部门完成，并且新的评价体系加大了部门协同的难度。

一是指标涉及的事项范围更广，如"公共事业服务"，除了将过去的水、电、气等指标纳入外，增加了网络及通信服务；二是指标覆盖的业务类型更新，如"跨境贸易"，将增加跨境电商、服务及数字贸易等内容；三是指标延伸的流程节点更长，如将"开办企业"替换为"企业准入"，意味着不只再考查一个普通类型或规模企业设立的便利度，也会考查如一家外资企业、特殊行业企业是否需要前置审批，以及这些前置审批的复杂程度；将"执行合同"改为"解决纠纷"，可能会采信通过调解解决合同纠纷的样本案例，不再要求必须通过判决生效，但同时会探究如果调解不成，又是如何进一步解决的等问题。

营商环境没有最好只有更好，优化营商环境永远在路上。对营商环境评价的研究亦然。

十、如何写好用好营商环境评价报告

（2022 年 5 月 9 日）

国内外研究与实践表明，开展营商环境评价是准确把握营商环境状况，推动营商环境持续改善的重要抓手。建立具有中国特色的营商环境评价体系，发挥评价对优化营商环境的督促和引导作用，是国家《优化营商环境条例》确立的一项重要制度安排。评价机构、参评对象、各级政府部门如何写好、读懂、用好营商环境评价报告，以下观点供探讨。

一、如何写好营商环境评价报告

营商环境评价报告的初衷，是通过现有市场主体的经历或感受，告诉意向或潜在投资者，在哪些地方或某一地方投资兴业是否或更合适。当评价报告的主要用户变成政府部门，编制评价报告遇到了不同的挑战。目前，国内多数营商环境评价由政府部门委托，因此，第三方机构开展评价并形成报告，由帮助投资者做"选择题"转变为协助委托部门做"应用题"，报告的体例、结构和内容都需调整和变化。编制评价报告，应注意处理以下几个方面的关系：

一是层级与结构的关系。评价一般是"由下向上"，从基层部门，即从最接近市场主体的部门开始调研，但委托部门一般需要"从上往下"看，即分析各级、各地营商环境的优劣及存在的问题，这就要求报告从分析问题、得出结论、提出建议等方面，尽可能全面地梳理出"共性及重点问题是什么""好与不好的关键影响因素有哪些""各级各部门在优化提升方面如何发力"等。因此，报告中"问题"部分可能无法分层级，但"建议"部分是有必要分层级的。

二是指标与结论的关系。目前来看，无论何种指标体系、评价方法，多是通过以点（线）代面，衡量某地某领域的营商便利度，指标只是切入点（口）。管中窥豹、按图索骥，因此，评价中的调研显得尤其重要，是形成结论和建议的重要来源，除此之外，指标的得分与排分，呈现的依然只是"现象"，如环节、时间、成本等。三是存量与增量的关系。评价的目的是促进改革，评价结果是如何充分反映改革的进展和成效，乃目前各类评价体系需着重探索的问题。譬如，评价中某些地方、某些指标领域，横向比较的优势，可能不是改革形成的"变量"或"增量"，只是以往的"存量"。在评价中能同步彰显和激励改革及成效，不仅有利于结果更公平，也会使评价的督促和引导作用前置。

二、如何读懂营商环境评价报告

营商环境评价报告与营商环境报告是有区别的，评价报告一定是依据既定的体系和方法进行，报告须披露评价的结果（或成绩）以及得出结果的依据。因此，一般意义上的评价报告，只需回答两个问题："结果如何"和"如何评出来的"。目前，很多营商环境评价已经超越了"谁委托，报告谁"的原则，多数评价要求，根据不同参评对象、适用不同发布范围、适应不同报告用途等，分层次、按地域、多类型地分别编制报告。不同层级、部门、对象如何读懂评价报告？需注意以下问题：一是知己与知彼的问题。除委托单位及以上级别政府部门外，报告对象一般只能获得所辖范围的评价结果等信息，上一级别的全面情况、其他同类地方的情况等，不太可能在所获得的本单位报告中披露，这符合报告的委托负责制及独立性原则。二是定性与定量的问题。为了相对客观可比，营商环境评价一般选取部分政务审批、监管和服务事项、流程及成效等，进行量化评价，营商环境的便利度得分与排名，都是"模型化"结果，不能概全，也不可能完全反映各指标领域的改革特色和亮点，评价报告从结果到建议，又需从定量转为定性，因此定性与定量循环转换过程中的"衰减"，也可能造成部分评价结论失真。三是评价与咨询的问题。将评价的作用定位于"以评促改、以评促优"，也充分说明，评价报告不可能代替优化营商环境的咨询报告。如果评价报告对照评价体系，明确披露了结果、分级指出了存在的问题，已经完成评价的使命和任务。能针对各层级、各部门，特别是委托部门以外的，提出个性化的整改建议，应该算作评价报告的增值部分。

三、如何用好营商环境评价报告

营商环境评价对优化营商环境的督促和引导作用，分别对应了"以评促改"和"以评促优"。用好营商环境评价报告，关系到评价的有效性及其价值的充分发挥。各级各部门如何及时、准确、充分地运用好评价成果，也决定着下一步营商环境提升的方向及进展。用好评价报告，以下几个方面值得关注：一是报告的时限性。由于评价周期、评价范围、评价及报告编制流程等，从评价到报告发布一般需要经历较长时间，对照评价报告进行整改提升，会造成工作滞后。另外，报告所反映的整体及个体水平，都是基于既往既定的评价周期而言的，不能完全代表目前的最佳表现或最优经验，改革的每一步必须基于当前的形势和自身比较优势。二是报告的指引性。报告无论从指标代表的事项领域，还是横向比较的优劣势、改革提升的方向等，重要作用在指引，不可能是特别具体的优化工作路径，甚至可能只是对过往某一领域改革方向或成效的判定和指向，如缺乏流程再造的多窗口"物理性"整合，在评价中是不被认可为"减环节"的，这就提示此类"改革创新"是徒劳的。

三是报告的扩展性。报告价值的最大化，很大程度上取决于参评对象自身对报告的扩展运用。目前，较多的只是依据评价结果制订整改、优化提升方案，即解决营商环境"补短板"的问题，没能完全发挥评价的整体效力，即通过"全指标评价"来全面提升营商环境的整体水平。世行评价体系提出的"企业全生命周期"概念，在优化提升工作中也应该一以贯之，即全生命周期内无"堵点痛点难点"。另外，如何将评价报告转化为能反映当地实际情况的营商环境报告，可能是下一步各地各部门需要考虑和探索的方向。毕竟，知己莫若己。

十一、中国对世行宜商环境评估
体系的八点建议

（2022 年 4 月 15 日）

2022 年 4 月 12 日，世界银行集团（简称"世行"）公开了全球部分经济体、社会机构、专业人士等对新营商环境（简称 BEE， 暂称"宜商环境"）评估体系概念预说明的反馈。以下是对中国提出的"综合建议部分"的翻译和梳理，供参考。

中国欢迎 BEE 发布的评估商业和投资环境的概念预说明，并希望世界银行集团（WBG）继续建立一个公平合理的评估体系，作为全球公共知识产品。在此过程中，我们恳请世界银行集团坚持客观、中立原则，避免政治化。建议如下：

1. 就概念说明、方法以及拟订问卷进行公开磋商。鉴于概念预说明的主要内容类似于对评估系统的介绍，没有包含方法论内容，如对每个专题的评估及评分标准。我们建议世界银行集团，在与董事会讨论概念说明的2022年5月底之前，再与利益相关者就概念说明、方法和拟订问卷进行一次外部协商。

2. 进一步改进数据收集方法。第一，应允许各经济体的政府部门，继续通过政府门户网站更新改革数据，用以佐证通过专家咨询和企业调查收集的数据。第二，继续与有意愿的经济体进行年度政策磋商和对话，并选择部分经济体，每年进行实地评估。第三，逐一验证每一主题全过程所涉及的程序、时间和成本，以进一步优化企业调查方法，并在经济概况中展示详细结果。

3. 确保每个主题中三个纬度的平衡，并在评分中赋予每一纬度三分之一的权重。在这三大纬度中，就监管框架而言，我们建议增加是否采用"双随机一公开"作为跨主题的交叉评估内容。在公共服务方面，我们建议增加企业是否可以自主选择线上或线下服务的评估，是否建立了企业对公共服务质量的反馈机制，是否建立了收集企业对经营环境意见和建议的机制。在整体效率方面，我们同意评估相关程序、时间和成本。但在成本方面，我们建议世行集团仅评估政府或政府授权机构对企业征收的费用，不包括律师和资产评估师等专业咨询的费用，或港口和码头等市场化费用。

4. 将"劳动力"作为观察主题，在方法成熟之前不要将其纳入正式评估。拟订的"劳动力"主题的评估内容，倾向于鼓励政府放松对劳动力市场的管制，这可能会对保护劳动者权益产生不利影响。为了更好地平衡企业监管成本与社会效益之间的关系，建议广泛听取国际劳工组织、企业等利益相关者对具体评估内容的意见，并决定是否将"劳动力"主题纳入评分，经过两三年的改进，以确保评估结果的科学性和可信度。

5. 删除与营商环境不直接相关的内容，减少定性评估。例如，公用设施连接主题中，水处理的百分比，与企业日常生产和经营所需水服务的稳定性和连续性没有直接关系，建议删除。此外，税务主题侧重评估税务管理人员的诚信保证机制，这是当局内部管理的一部分，也是营商环境领域对所有公务员的普遍要求。因此，我们建议参考《营商环境报告》（*Doing Business report*）的方法，该报告明确假设相关机构正在按照规则执行，并删除此类评估内容。另外，争议解决主题旨在评估判决的合理性，但对于如何定义这些判决是否合理，没有客观或中立的国际统一标准，建议采用再审率等量化指标。

6.更好地将评估标准与国际规范联系起来。例如，国际社会已就反对全球竞争、降低税率达成共识，并建立了"双支柱计划"，但目前的税收主题仍以总税率和缴款率作为评估内容，建议删除此内容或将其作为观察指标，而不给予评分。另外，金融服务主题下的绿色融资评估标准，不应局限于 ICMA 的可持续发展债券指南。此外，它还应包括国际规则，如在联合国环境规划署（UNEP）领导下制定的《负责任银行业务原则》和中国与欧盟联合发布的《共同点分类法：缓解气候变化》。

7.对经营场地、公用设施连接、国际贸易和市场竞争主题采用案例研究。首先，根据概念预说明的附录二，只有三个主题（企业准入、劳动力和税收）将采用案例研究。为了确保评估结果的公平性和可比性，建议继续使用案例研究，以确保在经营场地、公用设施连接、国际贸易和市场竞争四个主题中，相同的标准适用于所有经济体。其次，我们建议随着时代的发展，更新案例研究假设。相比2003年，当今世界经济发展水平已上新台阶，假设企业和项目的类型和规模，也应相应地进行动态调整和升级。

8. **明确样本城市和试点经济体的选择标准**。概念预说明提到，新方法将覆盖尽可能广泛的国家和国内覆盖范围，并将选择一些经济体进行试点。我们建议进一步明确样本城市和试点经济体的选择标准，尤其是样本城市的选择标准是否与《营商环境报告》一致。

——根据世界银行集团公开资料，原文"Feedback on the Pre-Concept Note of Business Enabling Environment (BEE) by the Chinese Government"。

十二、营商环境评价中如何选用"样本案例"

（2022 年 2 月 12 日）

开展营商环境评价是国家《优化营商环境条例》确立的一项制度性安排，持续完善评价体系，充分发挥评价对优化营商环境的引领和督促作用，营商环境评价从"世界标准，中国答案"到"中国标准，地方实践"的体系和机制逐步形成。

目前，各类营商环境评价，包括世行评价，考查"制度—实践—案例"是评价的主要逻辑和方法，如何在评价中举证和用好样本案例，不仅关系到评价结果的客观性与真实性，也反映对营商环境改革的认识深度和推进力度。在评价中选用"样本案例"，要注意处理以下五个方面的关系：

一、制度与实践

制度是根本，实践是印证。营商环境评价的"灵魂三问"：针对某一指标（一件事），怎么规定的？怎么执行的？有没有案例？可以看出，评价的原则是制度优先、这完全符合优化营商环境的概念，就是要为市场主体在市场经济活动中，改革和供给体制机制性因素和条件，而不能只是个案优化。实践案例是制度执行的佐证，评价周期内没有完整案例并不代表营商环境不优。反映营商环境水平的是制度，也就是"法治"，所以案例再优，如果相关举措没有固化为制度，不能普适性推广，不宜作为评价结论。在评价中，有关环节、时间、成本等程序类指标，是指按法规能实施的最优值，而不是最优样本案例的最优值。如"办理破产""执行合同""办理建筑许可"等指标，有可能在某地某一评价周期内找不到完整的样本案例。

二、虚拟模型与实际样本

虚拟模型在于设立公平基准，实际样本才反映真实水平。利用假设的样本模型，源于世行营商环境评价，因为全球各经济体的经济发展水平、管理体制，以及法律、文化等方面存在差异，同一指标必须基于相同规模的市场主体、项目，以及相似背景的事件等，才便于比较。现实中很难找到完全符合假设模型的真实样本，如开办企业、办理建筑许可、跨境贸易等指标。假设模型但不允许有假设答案，如"办理建筑许可"，虚拟模型是建设一座两层共约1300平方米的仓库，用意是要了解简易建设项目办理许可手续的便利程度，想要的答案是，比照这个建设项目的许可程序、时间、成本及监管措施等，并且必须是有制度依据的，最好是有类似案例佐证。因此，实际场景中有没有建这样一个仓库不太重要，重要的是如果要建这样一个仓库，适用现有的哪些制度和监管措施。

三、全链条与分阶段

寻求包含全链条程序的样本较难，分阶段考查会更加精准。行政审批和监管，从"串联"到"并联"、从"单一窗口"到"综合窗口"，类似于制造业生产线，先分工后整合、先离散后集成，不断循环提升，并且有赖于两个方面：一是效率需求，二是技术支撑。营商环境评价中涉及程序类指标，对一些高频事项，类似于生产中需要大规模生产的环节，主张集成化改革，尽可能在一条"流水线"上完成。但政务服务的难点在于，很多事项程序可标准化，但服务对象却千差万别，如"开办企业"中企业规模、经营范围、选址区域等，"办理建筑许可"中项目类型、投资规模、建设地点等，有标准化的流程，但无法产生完全标准化的样本（产品）。评价中允许分阶段提供样本案例，只要是依照现有制度流程可印证的都视为有效，如"开办企业"中，涉及工商、税务、社保、公章备案、银行开户等多个环节，并不限定只以一家新开办的企业作为样本，譬如有地方允许企业在工商登记完成后，可以根据员工聘用、业务开展等另择期办理社保及银行开户手续。

四、线上与线下

不要片面追求线上样本，线下案例同样可以优秀出彩。政务服务线上平台在提高效率的同时，只是改变了交互方式，譬如"远程人脸识别"，除了减少现场确认的往返途程和时间，但确认办事人员身份真实性的环节并没减少，只是借助信息技术手段，无须再提交证明材料。部分评价对象误以为考查的是线上平台的多少、平台的功能、平台的"日活量"等，严格意义上讲，多个线上平台、多个网端，和线下的多个部门、多个窗口是没有区别的，这也是提出"一平台、一网、一窗"的意义所在，避免重复过去线下由部门到大厅、由多个窗口到综合窗口的整合过程。在便民领域有一些较好的做法可以借鉴，一些地方"农民办事不出村"，很大程度上不是依靠移动端平台，而是服务人员的"移动"（帮办）。在"办理建筑许可"中，部分地方自建"工改"平台，但功能并不完善，如不能水电气联合报装、联合图审、联合验收等，其实线下协同，譬如线下高效的联动机制，相对花大代价完善平台功能、让用户去花时间适用新的平台，仍然是值得提倡的做法。

五、一个与多个

样本案例不在多而在于有代表性和说服力，好的样本一个就够。评价中苦于没有样本，或是多个样本难以抉择，是部分评价对象面临的普遍问题。既然样本案例是评价结论的佐证，评价机构关注的只是样本案例的相关性和代表性。换位而言，评价机构只想要一个结论，如果评价对象却给他多个选择，那结论将很难确定。营商环境评价之所以认可举证的孤本案例，即按最新制度实施的最优案例，从根本上遵循了"充分发挥评价对优化营商环境的引领和督促作用"这一要义，通过"以一带多"的引领并推进改革。当然，评价机构会从案例样本产生的依据和过程来进行研判，评价对象提供的是"无根盆景"，还是真的可以"一木成林"，就要看案例产生是否有明确的制度、规范的程序、可持续的机制作为支撑。

总之，营商环境评价不宜以样本案例的多寡论英雄，而应以案例是否有依据、有代表性，能否发挥引领作用作为评判标准。准确理解样本案例的作用、精准选用，将能简明高效、客观真实地反映相应指标的营商环境水平。

十三、如何用好营商环境评价结果

（2021 年 5 月 24 日）

一、结果是过去，成绩在路上

营商环境评价是对一定评价周期内改革成效的反映，评价结果取决于评价体系、方法以及参评对象。一般而言，不同时参评的两个主体不宜在同一份评价报告中对比。换一个赛场、换一批选手、换一个时间，评价得分与排名一定会发生变化。与他人比较知高下，与自己赛跑得进步。过去评价的结果久远、新的评价成绩未知，营商环境评价的压力（或者说"魅力"）在于，评价对象越来越不知道竞争对手究竟是谁。评价结果出来，如果你已是一个"落榜生"，最好的"救赎"是赶紧静下心来去"复读"，没有任何理由再浪费时间。

二、结果在时点，成效在时间

营商环境评价的结论虽然针对的是一段时间的评价周期，但结果一般都集中于改革成效最优的某一时点。优化营商环境不是写论文，营商环境建设不是做"盆景"。评价过程中必须要看到提升市场主体营商便利度的具体改革成果，见到已经落地的普适性改革案例。知者行之始，行者知之成。评价中被采信的案例从时效性上具备两个特点：一是在评价周期内通过改革创新取得的；二是相应的制度、流程和举措已推广且可持续。简言之，要充分体现改革"来之不易"和"一往无前"。

三、结果是方向，改革是砝码

营商环境评价报告披露的参评群体的最优、最差值，隐含了下一步优化营商环境工作的方向。知其然并知其所以然，学习优秀者的理念和方法，就明确了营商环境优化与提升的主线是什么。优化营商环境从"利企便民"上升为"治理体系和治理能力现代化"的重要组成部分，意味着并不是服务企业的"绿色通道""一企一策""帮办代办"

等。评价的公平、公正、可信和可用性，在于拒绝一切"走捷径"的"小修小补"，始终坚持只有改革才够分量。

十四、如何看待营商环境评价

（2021 年 5 月 12 日）

一、为什么叫"营商环境评价"

"评价""评估""评审"这几个概念是有区别的。"评价"一般是相对的，如评价甲和乙的高矮胖瘦，两相比较最直接；"评估"要绝对，如财产评估，最终需要知道值多少钱；"评审"往往只需根据标准给出结论，如这个项目该不该支持，判断"是"或"否"即可。营商环境评价没有绝对的标准，通常都是比出来的；前沿距离计分法，先排名、再计分。因此，营商环境评价要么有明确的、已参评的区域对标，要么把两个以上的同类区域拿出来一起评，参评对象越多，评价结论相对更精准。

二、营商环境评价与工作考核

营商环境评价之所以采用第三方评价，原因在于独立的第三方评价不只是要回避与被评价对象的利益关联，另一重要的原则是不受其他评价或考核结果干扰。不同的评价指标、评价范围、评价方法等决定了评价结果差异。营商环境评价不是工作考核，而是从市场主体获得感出发，评价了部分企业办事的便利度。如群众办事的便利度并未纳入世行评价，但如果要考核一个地方的政务服务工作，这就绝对不全面。从某种意义上讲，营商环境报告的本意是给投资者看的，用于帮助判断在某个地方经营企业的便利性。

三、如何运用评价结果

"以评促改、以评促优"是营商环境评价的意义所在，任何时段的评价结果都只能是一个参考值，最具挑战性的是，评价指标体系不变，评价结果永远会变，因为改革从不停步。与他人比较，与自己赛跑。社会科学注定不是一门绝对精准的科学，营商环境的指标、计分方法等，也是尝试用定量的方法把定性的结论描述出来，以便于比较。评价结果应用与评价是反向的，评价是从定性到定量，"以评促改"要从定量到定性，也就是必须"透过分数看到问题"。

四、"争创一流"与"对标一流"

"争创一流"是目标，"对标一流"是方法。方法不对，目标难成。优化营商环境"对标一流"，并不是简单地套用或模拟"一流"地区的评价结果，而是要紧盯其改革创新的理念与方法。否则，"取乎其上"真的只能"得乎其中"，对标昨天的"一流"结果，肯定很难创今天和明天的"一流"。另外，越是改革创新基础好的地方，一般进步会更快。不比不知道，比了也不能全知道，因为谁都在前进，可见"以评促优"压力巨大。

十五、对营商环境评价指标通俗的理解

（2021 年 5 月 11 日）

一、开办企业

目前为什么要逼着政府部门为新设企业刻制公章买单，因为电子印章未通、未用，习惯相信红章而不相信签名。如果有朝一日，任何部门任何环节都能接受"右手写字、左手签名"，"公章刻制与备案"便不是"开办企业"的必需环节。出钱不是目的，倒逼改革才是本意。

二、登记财产

登记财产改革的最终目标是不动产登记要像动产登记

一样方便。当然，动产登记应该可以更方便。新购房产登记至少要像目前新车上牌，买方出钱、卖方代办，4S 店可直接登记；二手房过户类似二手车交易。过去车辆登记也很难，现在往往想不通当初为什么那么难，这就是改革的力量与成效。

三、纳税

"总税费率"包括了税和费，费是指企业负担的员工社保和住房公积金等；不论是税和费，对企业来说都叫"钱"。企业缴税交费所经历的程序、时间也都是制度性交易成本。部分阶段性、政策性的减税降费世行评价一般不认，符合建设"稳定公平透明、可预期的营商环境"原则。

四、获得信贷

谁都能理解，政府不能摁着银行去给企业放贷，但有两件事需政府部门协助来做：一是债权人权利能否得到法治保障，二是借款人信息披露是否透明充分。这与世行获得信贷的两个二级指标非常贴切，合法权利指数、信用信息深度指数。通俗地说就是借钱看信用、收钱靠规则。世行评价的逻辑是：获得信贷的"便利度"比获得信贷的额度更重要。

第三篇

对优化营商环境工作的探讨

十六、优化营商环境需高度重视市政公用事业服务

（2023 年 7 月 6 日）

世行新的营商环境评估体系将"公用事业服务"作为十大评估主题之一，由过去的"获得电力"指标拓展至包括电、水、网三大市政公用事业领域。中国营商环境评价体系在"获得电力"指标之外，增设了"获得用水""获得用气"两项指标。综合来看，与营商环境相关的市政公用接入大致有六类，即水、电、气、热、广播电视、通信及网络等。由于以往受营商环境评价范围及重点、公用事业单位性质、监督考核机制等局限，导致部分地方对该领域重视不够，与市场主体期盼差距较大，便利度改革还有很大空间。

一、突出问题及原因

目前，除简易低风险类项目和工业园区内项目外，新建项目的市政公用事业报装仍部分存在手续繁、用时长、费用高等问题。一是基础设施配套不足，增加接入难度。如高压接入遇供电配套能力不足，企业需自建配电房、开闭所，建成后移交供电公司管理；地下排水管网建设不到位，企业需自建化粪池，并自行负责定期清理。二是流程监管考核不全，增加隐性环节。部分评价考核仅限于"两头"，即受理和验收两个环节，中间的方案设计、预算编制、合同签订、施工等实际耗时差异大。如电力报装遇变电站选址、协商公摊、设备选型、建设施工等，时限将大幅延长。三是市场竞争机制不活，增加企业成本。市政公用事业运营与服务市场化进程较慢，建设与运营单位大部分仍具有自然垄断性质，滥用市场支配地位的行为还有发生。如部分地方将设计、验收等业务变相指定给下属的院所，或是业主为了顺利通过验收，设计、施工单位仍难以完全市场化选择。

二、解决办法及建议

市政公用事业服务改革有其特殊性和难度，部分是由服务供给的间接性、分散性、兼具公益与市场属性等决定，须与工程建设项目审批、政府特许经营、政务服务等统筹考虑。一是推动"标准地"出让。将公用事业接入前的外线设计与施工，尽可能在土地出让前解决，减少项目业主多头跑市政管网、绿化、环卫、交管等部门的时间和成本。即使暂不具备"标准地"出让标准，也有必要指定牵头部门，摸清并公告公示地块市政配套状况，引导公用事业单位提前部署红线外方案和施工。二是推动全流程改革。将公用事业报装纳入工程建设项目审批制度改革，全领域、全事项、全流程统筹改革，实行关联审批事项一家牵头、并联办理。明确办事流程、办理时限、收费标准。将设计、施工、验收等竞争性环节真正市场化，增加服务供给能力，降低企业成本。三是推行"一站式"服务。落实公用事业报装线下"综合窗口"、线上"一网通办"。以工程建设项目审批管理平台为基础支撑，实现公用事业报装、查询、缴费、开票等全业务全程网办。收费依据、费用标准、价格信息等及时更新并公开。设计、施工、验收等中介机构信息全网公示，落实评价监督机制。

三、评价趋势及要点

　　根据优化营商环境新的方向及工作部署，以及世行新的评价体系，"公用事业服务"作为重要工作和评价指标，将面临新的挑战，需持续加大改革力度，并重点关注以下三个方面：一是如何集成改革与服务。无论是以市场主体需求为导向，还是遵循公共服务集约化、便利化改革方向，都要求公用事业服务走集成融合道路。世行新体系导向更明确，要求评价案例从过去单一样本到普适、由单项改革到集成。多项市政公用服务将不再进行单项比拼，须检验合成后能否产生更优解。评价将是"一荣俱荣""一损俱损"，即只有各事项各部门全都做好，整个"公用事业服务"指标才会优；反之，一个事项不好则整个指标不优。二是如何反映准入与竞争。市政公用服务指标，会间接反映"市场准入"与"公平竞争"这两大下一步优化营商环境的重要主题，包括特许经营、反垄断、政府采购、招标投标等都将成为重要考量因素。这也体现了营商环境"以评促改"的原则，即从公用事业服务的运营商主体、模式，以及服务便利度，来反映该领域体制机制等深层次问题。"两者相斥，取其次"，评价中"市场竞争"指标的案例可能来源于"公用事业服务"，"公用事业服务"的评价依据可能采信于"市场竞争"指标。三是如何形成制度与实践。由过去分事项的改革经验集成并上升为综合性制度举措，是下一步公用事业服务领域的趋势和要求，也是利用信息技术手段倒逼改革的成效。无论是先行试点还是围绕"公用事业服务"指标提升，单一事项、单一部门的改革将不能持续产生优化营商环境的"增量"和"变量"。对于评价而言，最优方式可能是，改变过去由制度追溯到案例的方法，直接由样本案例"复盘""公用事业服务"在具体建设项目中是如何集成的。

世行新营商环境评价体系（B-READY）将我国现有评价体系中的"获得电力""获得用水""获得用气"三项指标整合成"公用事业服务"一项，并且还加入了"通信与网络"，看似各事项领域权重及重要性有削弱，实际上难度明显加大。对部分地方来说，"公用事业服务"领域可能还不只是补齐短板的问题，而是如何整理"散板"的问题。优化营商环境是一项系统工程，需要协同发力、久久为功。

十七、调度优化营商环境"三要""三不要"

（2023 年 5 月 31 日）

　　《优化营商环境条例》指出，要发挥营商环境评价对优化营商环境的引领和督促作用[1]。对照或参照评价结果整改提升，是充分发挥"以评促改""以评促优"机制效力的重要手段。围绕指标整改促进营商环境全面优化，是实践中常用的有效方法。统筹优化营商环境指标调度，以下三点建议供参考：

---

[1] 2019 年 10 月 22 日，中华人民共和国国务院令第 722 号《优化营商环境条例》第一章 第八条 . https://www.gov.cn/zhengce/content/2019–10/23/content_5443963.htm

一、要自下而上找问题，不要忽左忽右找标杆

营商环境评价从指标体系的分级细化，到评价对象层层下移，如覆盖省、市州、县市区，主要目的是通过尽可能小的事项领域、区域场景，精准反映营商环境现状，并以此找到提升的切入口。因此，营商环境评价结果反映出的短板弱项，不能停留在从上到下找原因，需自下而上找问题。如何找准并明晰问题，有三点值得注意：一是评价报告反映的仍是现象，如环节多、时间长、成本高，一般未能详细披露是什么问题导致了这些现象；二是横向比较呈现的只是差异，如相对某地某指标领域便利度如何，不可能提供完全可复制的路径和方法；三是部分整改方案罗列的还只是目标，可能并没有找到真正问题，以及解决问题的正确方法。如将时间、环节再压缩多少等。另外，对问题的识别也要区分真假，如实践中存在对部分评价内容理解有误，可视为'假问题"，因为可通过提高参评者认知或改进评价方法来完善。找准问题是整改提升的基本前提，要避免盲目对标，知其然不知其所以然的"抄作业"，绝对抄不成"学优生"，也很难打造一流营商环境。

二、要敢于开大会说小问题，不要开小会做大文章

世行营商环境评价，通过选取部分事项中可量化的指标进行横向比较，以各细化指标的"相对值"汇总成综合得分的"绝对值"，排名和分数两者循环往复，被称为"前沿距离计分法"。世行评价体系被参考，意味着指标和计分方法都被沿用。如何沿着评价分数和排名追溯到差异背后的原因，是评价后整改提升的关键。三类现象可能有损调度效率：一是从上到下谈分数，对问题只做"卷面"分析，不愿做系统性、深层次改革突破；二是从左到右讲困难，共享难在技术设施、协同难在法规体制，不愿率先探索、集成改革；三是从头到尾讲成绩，以宏观数据当业绩、拿工作方法当成效，忽略市场主体满意度和获得感。营商环境评价体系之所以多指标、多维度，是为了最大限度地从微观层面评判优劣，避免宏大叙事。优化营商环境调度要尽可能遵从评价的逻辑，从细微处着眼，以小切口突破，将改革贯穿于营商环境建设始终。

三、要以建立持久改革自觉为目标，不要刻舟求剑找问题抓整改

世行营商环境评价的重要贡献之一，是通过不断发现各领域的"良好实践"来进一步激发改革。营商环境是涉及市场主体经济活动的体制机制性因素和条件，这也表明，营商环境是可供给、可比较、可改革的。如何将营商环境评价对改革的激励作用最大化，有三种情形应该尽量避免：一是被动整改的清单多、自主改革的事项少。评价机构反馈的问题清单、参评主体列出的整改清单、咨询机构给出的建议清单等，有的地方甚至是营商环境统筹部门"代劳"了所有清单，相关部门自主的改革清单（或计划）较少。二是宁愿零打碎敲补短板，也不愿系统长远促改革。一般而言，问题及整改清单列得越细越长越多，说明要么改革合力不强，需要分工够细，要么拿不出足够全面持久的优化改革措施。三是提升方案照搬"典型经验"，以"跟学照做"替代自主改革。完全依照评价结果"缺哪儿补哪儿"，生搬硬套相关领域其他地方或部门的"典型"做法，忽略各项改革举措的适用性、可行性、创新性。营商环境评价

的局限性不仅是指标内容的科学、完整和精准，更大的局限可能是营商环境改革仅满足于补足评价反映出来的差距。

有人说评价如考试，的确工作与学习有太多同理之处。类比高中三年：一年级，学习适度超前、适应能力强、勤奋努力、不偏科，学优生经验多被总结为"勤能补拙"；二年级，尽快补足短板、边学边总结、以优势强自信，部分"反转逆袭"的优胜者实则"出道有方"；三年级，快速查漏补缺、重点放在"强优势"，争创"单科冠军"并不断探索可复制的路径，趁势而上直至"强者恒强"。综合来看，营商环境建设及其评价，规律也大抵如此。

十八、几个小故事对优化营商环境的启示

（2023 年 4 月 27 日）

人人都是营商环境、事事关乎营商环境、处处都是营商环境。营商环境评价"以小见大"、优化营商环境则"以大惠小"，以营商环境之"优"激发市场主体之"活"。如何看待优化营商环境，以下是三个亲历的"小故事"及其带来的一些启发：

一、拔河。好的营商环境就是竞争力。世行营商环境报告的初衷是为市场主体抉择经营目的地提供参考，简言之，帮助企业决策去留。政府部门如何用好评价结果，终究考量还得看经济发展的变量和增量。习惯了过往利用要素成本、政策优惠等"引""留"企业的方式，如何认识

优化营商环境在招商引资、产业发展中的作用？中学时拔河，有位老师的指导深受启发，"除了用劲用力，眼睛要看两个地方，一是每个人都必须要看到中间的红色的铅垂（输赢标识），二是要盯住对方和你同等位置的人"。当时不解，后来细想，当每个人都能看到中间的铅垂，队伍自然就直了，用在绳子上的力也就集中了；虽然是团队竞技，但角色依然是可以分解对标的。类比优化营商环境，招商引资要改变过去用政策直接"拽"企业的做法，企业好比拔河中的"铅垂"，在绳上而不是在绳的另一端。看见目标，看清对手。营商环境各领域各指标，以及对应的各部门各单位，犹如绳上的队友，如果不能看到共同的目标，"拽"的可能是自己人。"目标就在绳上，而不是在绳的另一端""手里握的绳，实际上拽的是人"，这些都是拔河带来的启示。

二、环卫工。 营商环境好比空气和水。世行营商环境报告的用意是通过选取企业全生命周期内较为普遍的事件进行对比评价，激发改革，为市场主体提供更便利的监管和服务。各地各部门要通过对标各指标，以点带面、集成深化，才能提升优化营商环境的整体效能，分指标、分领域的改革是否会导致"九龙治水"？多年前，某城市为解决"脏乱差"问题，有位领导提出的办法至今管用，"不要行政、机械地去安排环卫工，马路上环卫工配置最实用的标准，是保证每相邻的两个环卫工人能彼此看见"。后来大家都明白了其中的道理，一是规避了盲区，二是也便于互相呼应、随时协助。同样称"环境"，优化营商环境能否从中借鉴？当前部分地方或部门为了加强监督、协助提升等，通过聘请优化营商环境监督员、体验官、暗访者等，创造了一条群策群力的思路。沿用环卫工的案例，以及在社区治理方面已有的优秀做法，能否进一步尝试"优化营商环境网格员"。看见彼此，随时呼应。优化营商环境一方面靠改革牵引，一方面靠日常督导，即"正反"都要抓。"看到即负责，发现就行动""每一岗位的职责不只是做好眼皮底下的事，重要的是要让工作无死角"，这些都是环卫工的例子带来的启示。

三、洪水。 法治是最好的营商环境。高阶的营商环境是确保各类市场主体权利平等、机会平等、规则平等，保障各种所有制经济平等受到法律保护。不公平的竞争有时不一定是规制造成的，可能是市场运行中自然形成的，因此，解决之道也不能完全依赖制度层面的变革，可能需要一场突如其来的"洪水"。1998年洪水之前，某个湖区农场，农民为了蓄水抗旱，沟渠截流各自为政，甚至"打反水"（把下游的水抽上来），因此矛盾频出，农场干部经常半夜出动调解。不幸中的庆幸，洪水过后，所有自垒的堤坝全毁，沟渠恢复自然流淌，在自然规律面前人间矛盾悄然消失了。没有不破的堵点，可能只待一次"洪水"。目前，营商环境建设中也经常提到"堵点难点痛点"问题，如平台联通、数据共享等成为掣肘，如果局部改革不能一时见效，最终解决的时机可能也是一次"洪水"，如某一系统平台在先行先试之后直接全面推广。"改革如洪流向前，所到之处不会留下任何侥幸""水往低处流，所到之处都在一个平面"，这些都是洪水过后带来的启示。

改革不停步，优化营商环境一直在路上。相向而行，共鉴未来。

十九、营商环境改革事项试点方案如何写

（2023 年 4 月 21 日）

通过"小切口"试点改革，撬动营商环境各领域优化提升；通过经验复制推广，推动各地各部门在营商环境建设中互学互鉴。湖北省自 2021 年启动开展优化营商环境先行试点创建工作，很好地借鉴并运用了改革示范建设的思路和方法，极大地助力营商环境建设。如何编制好试点创建方案，三点"大白话"建议供参考。

一、**"非创不可"**。试点方案一般要求列出申报的理由，即为什么要"领题"进行此项改革。建议从三个维度稍作展开：一是"上面有要求"，梳理该领域要求、倡导改革的指示精神、上级文件内容等，即如何鼓励在法治

框架内探索原创性、差异化的举措；二是"左右无借鉴"，同类地方、区域，同类事项，目前可借鉴或者完全可复制的经验做法不多；三是"市场主体有需求"，这是很重要且容易忽略的部分，即现行体制机制不能较好地适应新发展要求，离企业群众需求有差距。申报通知不是实施意见，试点方案自然不宜写成实施细则，如"根据某某通知文件，制订方案如下"，不能简单替代申报理由。相反，表明"成为试点不是改革的理由"，比强调改革的外在必要性会更有说服力。

二、"非我莫属"。试点方案要对改革具备的基础和条件，以及对改革试点事项的理解、准备、保障等阐述清晰。为了聚焦优势、避免重复、引导多点探索，试点方案的评判抉择一般带有竞争性。因此，基础条件好、实践准备充分、保障措施充足的，将优先纳入试点。建议从三个时间段说明：一是过去有基础，即在该领域有过相关的探索和实践，并且已有较好的成效、较成熟的经验；二是目前有进展，无论是单一改革事项的推广、深化，还是多项改革的集成创新，都能说明目前改革的进展；三是将来有保障，包括如何保证能持续推进改革，以及改革突破后如何防范风险，如"放"之后如何"管"和"服"。改革本身有风险，因此更需要最大限度规避风险。

三、"非同凡响"。营商环境改革有成效，重要体现在给市场主体有好的预期，包括提升办事创业便利度，利于产权保护、市场准入、公平竞争、社会信用等。试点方案除了阐述清楚"如何做"的问题，即改革的具体方法、举措、进度之外，还需展示改革的预期成效。建议从改革的三类利益相关方进行介绍：一是"对你"，即对改革的直接相关方"市场主体"有何裨益，解决了哪些"痛点难点堵点"，降低了哪些制度性交易成本，为市场主体发展带来了哪些增量和变量等；二是"对我"，作为主导改革的政府部门或单位，从体制机制方面有哪些创新，公共服务领域增加了哪些供给、提升了多少效率等；三是"对他"，试点的目的是成功后进一步推广，因此，需对改革的可复制、可推广进行预判，可简要对适用于其他地方、部门，甚至其他领域进行可行性分析。若某项改革只能形成孤本案例，将无异于"特事特办"。

试点方案除了在内容上要涵盖以上三点外，形式上也有"三忌"：一忌写成"研究报告"，不必过多地研究并着力论证改革的可行性，改革是探索，已有的规章往往不宜作为改革的依据；二忌写成"产品方案"，有些改革需要借助技术平台来实现，但不能用技术说明书、平台架构、操作指南等代替改革方案；三忌写成"投资规划"，优化营商环境主张"花小钱办大事""不花钱办实事"，强调通过体制机制改革，为市场主体在市场经济活动中增加制度供给，因此，预算投资建平台的改革事项要审慎。

优化营商环境先行试点创建方案，有必要明确回答：围绕市场主体在市场经济活动中，通过改革哪些体制机制，增加了哪些便利性因素和条件的供给。这完全根源于《优化营商环境条例》中对"营商环境"的定义。

二十、抛开评价营商环境建设
如何突破

（2023 年 2 月 8 日）

党的二十大报告强调，要"营造市场化、法治化、国际化一流营商环境"[1]。全面建设社会主义现代化国家起步开局，营商环境建设面临着新的形势和要求。国际上，世界银行将启动新评价体系，评价范围更大、覆盖面更广、要求更高、难度更大。如何全面理解评价对营商环境建设的督促和引领作用，充分学习借鉴和对标前沿标准，持续优化营商环境，站在地市或县市角度，有"三问"值得思考。

---

[1] 2022 年 10 月 16 日，党的二十大报告 第四部分 . https://www.gov.cn/zhengce/202312/content_6921244.htm

一、不谈评价指标，如何优化营商环境

营商环境评价为反映营商环境现状，推进营商环境持续改善提供了客观准线和依据。围绕指标而不唯指标，为多地营商环境建设提供了基本大纲。以评价指标为抓手，多地统筹推进优化营商环境工作成效明显，市场主体全生命周期服务更加便利可及。评价是手段不是目的，指标是"尺子"不是"鞭子"。"熟练的木工师傅不会事事都离不开尺子"，充分领会营商环境评价的目的和意义，将"以评促改"进阶为"自主改"，是优化营商环境常态化的必由之路。一套优秀的评价指标体系，输出的不只是得分和排名，还包括优化营商环境的理念和方法。指标不能穷尽、无法概全，以指标为纲去思考和行动，才能将评价的价值最大化。譬如：指标体系如何关联日常工作、锚定重点工作？评价指标引导的改革如何推广、深化和集成？评价所要求的案例如何连点成线、样本如何由点到面？

二、不摆评价结果，如何推介营商环境

建立尊重市场主体感受、服务市场主体发展的评价体系，是营商环境评价可持续的关键，评价要从企业中来、到企业中去。评价结果为优势地区招商安商提供了很好的推介砝码，如营商环境"标杆城市""百强县市""第一梯队"等。当然，因为评价机构、对象、指标和方法等不一，同一地可能在不同评价体系中排名有异。"真正的富豪一般不太关注排行榜"，营商环境优势地区或部门也将如此。因为世行评价体系调整，国内部分评价指标有可能重构，一段时间部分地方评价可能暂停或暂缓，在无法引用第三方评价结果或结论时，如何推介本地营商环境是值得思考的问题。譬如，在不允许提及营商环境评价及排名的情况下，如何用一句话概括本地营商环境的特色和优势？如何用一段话简述近三年营商环境建设的成就？能否列举三个以上以营商环境招商引资、安商兴商的实践案例？

三、调整评价体系，如何确保争优领先

营商环境评价体系如产品，也有一定的生命周期。部分地方应对评价"一年观望、二年入门、三年开干"，有可能恰逢某一评价体系三年之后就被迭代。从熟悉到熟练、从不愿到不舍，可能是部分地方在面临评价体系调整时的无奈。"老到的司机从未幻想弯道超车"，万变不离其宗，以不变应万变。总体来看，同源的评价体系调整一般是"升级"。以世行评价指标体系为例，从营商环境（DB）到宜商环境（BEE），并没有完全改变评价的理念、逻辑和方法，通俗而言，不是从文科到理科的转变，只是初中到高中的差异。譬如，宜商环境强调，"准入难"可能比"办事难"更值得关注，代表性的企业群体可能比单一样本更有说服力，实践中的公共服务与监管可能比规制文件更有意义。

优化营商环境永无止境，营商环境评价体系建设也从未止步。营商环境评价可能"不常有"，营商环境评价的督促和引领作用"须常在"。营商环境评价可以是自命题，但营商环境建设是必答题。

二十一、下一步营商环境建设
"三问"

（2022 年 12 月 16 日）

营商环境如土壤，土沃则稻香。好的营商环境就像空气、阳光、水，须臾不可缺少。新时代新征程，特别是三年疫情之后，如何激发市场活力、提升企业动力，优化营商环境将成为托举经济社会高质量发展的大"底盘"。

回顾近年来我国营商环境建设，疫情之前三年，我国营商环境从世行全球排名第七十八位，经第四十六名跃居至第三十一位，连续两年被世行营商环境报告列为改革领域最多的经济体之一。疫情三年，也恰逢世行暂停评价、取消报告发布、调整评价体系，预计 2023 年重启发布新的评价报告（宜商环境报告），全国各地营商环境建设，大部分沿用世行原评价体系，以提升政务服务便利度为主，另外因需要，增加了便民利企、助企纾困等工作。疫情之后，特别是接下来三年，如何面对新形势、新挑战、新标准，在优化营商环境工作中，全面领会并落实"让干部敢为、地方敢闯、企业敢干、群众敢首创"[1]，需要从长计议。

一、如何"高位推进"

营商环境建设本质上是涉企的体制机制改革，因此，营商环境建设部门自身的机制建设尤其重要。"高位推进"不能仅仅停留在领导、文件、会议的"高度重视"。近日海南省获批成立的营商环境建设厅反响强烈，整合相关的行政管理、政务服务、信息技术等部门，直接回应部门的宗旨和目标，即建设营商环境。有评论称，"此次海南成立营商环境建设厅，是在前期摸索基础上的成果呈现，必将从体制机制上理顺权责，凝聚制度合力"[2]。企业如政府，

---

[1] 2022 年 12 月 6 日，中共中央政治局召开会议，分析研究 2023 年经济工作时指出。

[2] 2022 年 12 月 15 日，新京报评论，全国首个省级营商环境厅成立，释放哪些改革深意？https://k.sina.com.cn/article_1604159432_5f9d87c801900zd8u.html

短期且重要业务设项目部、长期且主要业务设事业部。高位设立专门机构尽管有一定难度，但可以解决目前营商环境建设在"组织保障"方面存在的部分问题。

一是"远近顾不上"。专班机制的普遍现状是，"领导小组"强、"办公室"弱，专班缺专人、专人非专职、专职难专业，工作筹近谋远衔接不够，推进改革基础不牢、延续性差，部分专班人员轮调频繁，"练兵"多于"用兵"。二是"上下对不齐"。负责营商环境建设的常设机构或专班，及其归口管理的层级、部门等各地不同，职能权限、工作内容、目标责任等各级政府存在差异，工作方式、管理规范、执行效率等无法上下一致，部分工作分工落实有难度、进度不一。三是"左右调不动"。由于营商环境建设涉及多个具体业务职能部门、公用事业单位，日常协调和联动，包括围绕某一具体改革事项的部门协同，经常且重要，现实中改革的难点多在跨领域、跨部门，而非单一职能或部门。因此，亟须建设能高效解决跨部门问题的"经常且重要"的机构及其人员队伍。

二、如何"对标一流"

营商环境优无止境，没有最好只有更好，表明营商环境建设并非标准化业务工作，必须通过"比"和"学"来"改"和"创"。无论是营商环境建设，还是营商环境评价体系，都强调要对标一流。近日，李克强总理在黄山会见世行行长时强调，"中国坚持对外开放基本国策，坚持对标国际一流标准，对接国际通行经贸规则，持续深化放管服改革，打造市场化法治化国际化营商环境"[1]。这再次表明，营商环境建设不能"自拉自唱"，必须紧盯前沿、科学对标，包括世行新推出的"宜商环境"评价体系，将是重要的参考坐标。

营商环境建设的各层级、各部门、各职能如何对标，需思考三个方面问题：一是如何找准"标"。一个地方必须从总体上思考，在多长时间内要将营商环境建成什么水平，现实中可参考的标杆是谁，具备哪些可"模仿"的基础和条件。另外，无论是从市场主体的"急难愁盼"出发，

---

[1] 2022 年 12 月 8 日，李克强在安徽省黄山市会见来华出席第七次"1+6"圆桌对话会的世界银行行长马尔帕斯时指出。

还是基于自身所具备的改革优势，通盘考虑从哪些方面着手、如何分工细化落实，不能让"对标对表"成为"脱口秀"。二是如何对准"标"。从具体领域事项来看，部分改革之所以难以启动，或是虎头蛇尾，主要原因有：只定标准，不定目标；目标用国际国内一流标准，评价考核用地方标准；同一事项不同部门各对各"标"等。因此，必须将三"标"串联起来，即依"标杆"梳理出可参照的"标准"，将"标准"确定为可执行的"目标"。三是如何达成"标"。评价与评估是检验是否达标的重要手段和方法，如何将评价融入改革过程，不仅有利于减少被评价对象的压力，对于推进工作和修正评价体系都同步受益，实时、充分地发挥"以评促改"作用。评价是否达标，不能唯指标、唯标准，优化营商环境的"内核"是改革，改革的成效不宜用设定的标准来考核，这也是世行评价中始终保留"专家研判""案头研究"等评价方法的原因。

三、如何"真抓实干"

对应世行原有的评价指标体系，近年来，我国营商环境改革在提升市场主体办事便利度方面取得了明显成效，聚焦"减环节、减时间、减成本",助力我国在世行评价中三年大跨步进位。如果说以提升便利度为主线的营商环境建设是"1.0版",接下来的"升级版"必将以深化体制机制改革为主,将强调关注与企业发展密切相关的深层次问题,比如近年来企业反映比较强烈的隐性壁垒和不公平竞争、产权保护不力、多头执法重复执法、新官不理旧账承诺不兑现等问题。

党的二十大报告两处提及营商环境建设:"深化简政放权、放管结合、优化服务改革";"营造市场化、法治化、国际化的一流营商环境"[1]。前者列为"改革",后者嵌入"开放"。各地各部门如何顺应这一"升级",建议关注以下三方面:一是服务于为市场主体稳预期强信心。受国际形势及疫情等影响,如何保、育、培市场主体,激发微观主体活力,营商环境建设将从专项的助企纾困措施,转入系统性、整体性优化发展环境,将过去在解决市场主体面临的"难点堵点痛点"方面的有效举措,固化为制度,推广实践。简单类比,乡村振兴战略将为广大民生进一步"兜

---

[1] 2022年10月16日,党的二十大报告 第四部分. https://www.gov.cn/zhengce/202312/content_6921244.htm

底"，优化营商环境要进一步为广大市场主体"托底"。二是服务于建设全国统一大市场。中共中央、国务院今年4月、12月印发的《关于加快建设全国统一大市场的意见》《扩大内需战略规划纲要（2022—2035年）》，以及11月国家发改委发布的《长三角国际一流营商环境建设三年行动方案》，目前，这3份文件对下一步建设营商环境具有一定的指导性。从宏观上指明了营商环境建设的方向，即营商环境建设必须支撑并促进"资源要素有序自由流动、行政壁垒逐步消除、统一开放的市场体系基本建立。与国际高标准市场规则体系全面对接，协同开放达到更高水平"[1]。三是服务于坚定不移改革开放。依靠改革来激发市场主体活力和内生动力，推动有效市场和有为政府更好结合，是建设中国式现代化、推动高质量发展的必由之路，也是近年来应对经济下行压力、巩固经济回升向好趋势、稳住经济大盘的关键之举。实践表明，必须通过建设"稳定公平透明可预期"的营商环境，来应对外部的不确定性。

---

[1] 2022年10月8日，国家发展改革委出台《关于印发长三角国际一流营商环境建设三年行动方案的通知》（发改法规〔2022〕1562号），（三）主要目标. http://www.wuxing.gov.cn/art/2022/11/8/art_1229562504_1668057.html

改革有助于推进更高水平的开放，开放为持续推进改革提供了动力和借鉴。聚焦营商环境改革，借鉴世行新的营商环境评估体系落实改革，对照国际通行规则，全面增强对国内外企业投资的吸引力，是改革开放赋予营商环境建设的题中之义。

营商就是赢未来。优化营商环境，新征程、新使命。

二十二、营商环境"革命"未说破的"真相"

（2022 年 9 月 25 日）

优化营商环境是激发市场活力的重要举措。国家《优化营商环境条例》明确提出，建设稳定、公平、透明、可预期的营商环境，应当坚持市场化、法治化、国际化原则，以市场主体需求为导向，以深刻转变政府职能为核心，创新体制机制、强化协同联动、完善法治保障[1]。从"转变政府职能"角度而言，优化营商环境趋势如何？目标在哪儿？动力何在？

---

[1] 2019 年 10 月 22 日，中华人民共和国国务院令第 722 号《优化营商环境条例》第一章 第四条. https://www.gov.cn/zhengce/content/2019–10/23/content _5443963.htm

一、"减环节、减时间、减成本"只是优化营商环境的方法和过程，"减人"可能才是改革的最终目标和结果

优化营商环境重在从体制机制着手，通过提升结构优化效率、资源配置效率、行政服务效率，多维度、多方面，全链条、全要素，降低全社会制度性交易成本。营商环境评价中强调的"减环节、减时间、减成本"，以及"减材料、减跑动次数"，旨在通过定量比较的方式，倒逼"放管服"改革、行政服务流程再造，概括而言，都还只是优化营商环境的手段和方法，阶段性成效的表现形式。营商环境"革命"的终极目标，是要借助制度供给和技术创新来"减人"，并以此来实现最大限度地减少政府对市场资源的直接配置、最大限度地减少政府对市场活动的直接干预，以"有为政府"服务"有效市场"。透过现象看本质、立足现状看趋势，有三点有助于理解：一是简并流程、合并窗口、从线下到线上，以及推行"无干扰"审批、建立以信用体系为基础的"聪明"监管模式等，改革所隐含的出发点、呈现的结果，都是精减行政人员。二是行政成本也是成本。控制成本不只是要为企业降成本，也必须降低行政成本。"减员增效"

将是惠及政府和市场三体的"一石二鸟"之策。三是通过"减事"倒逼"减人",以"减人"倒逼改革和创新,不断改变行政管理体制,逐步建立健全治理体系和治理能力。从"一门""一窗"到"综窗",以及部分地方已经提出的"每年线下窗口在市级、区级层面各减少多少"的目标,以企业和群众的"一件事"而不再以"部门""职能"为中心,要求资源平台下沉,让政务服务更加贴近企业和群众。方向已明,大势所趋。

二、整合政务服务的"线下窗口"和"线上平台",短期或表象来看是"1+1+…+1",长远和趋势而言可能是"1+N"

持续放宽市场准入、提高"准营"便利度,加强和规范事中事后监管,提升政务服务能力和水平,"放管服"改革为优化营商环境提供了很好的路径和突破口。围绕企业等市场主体需求,深入推进"一件事一次办",是近期国家层面对政务服务提出的改革任务,明确要求针对企业和群众需要办理的"高频事项",实行后台对关联事项归并、前台办事由"多地多窗多次"转变为"一地一窗一次"。如何建设并落实好"线下一窗"和"线上一网"？一是要立足企业和群众需求算"大账",最大限度降低制度性交易成本。减环节、减时间、减成本,对单一企业不一定需求急切、成效明显,但附加至多数及全部市场主体,乘数效应大,改革综合收益高。二是要立足企业全生命周期和企业办事全链条算总账,对于改革而言,无论制度还是技术,最终决定因素还是理念。譬如,只有做到"准入易","准营易"才有可能,开办企业都难,企业注销一定难。三是事项简并与职能合并不能算细账,改革有先后,职能分主次,政务服务领域有的事项涉及面广、办理量大、办理频率高、办理时间相对集中,理所当然成为改革当务之急,部门职能并转也相应有先后主次。总体趋势,线下窗口与线上平台整合,不会是简单的"1+1+⋯+1"模式,而是"1+N",即某一部门或职能可能将其他相关职能吸纳并整合。目前某些地方,由市场监管部门牵头的"综窗"、由税务部门主导的"1+N"税费综合征管改革等,即是很好的案例。先行先试,未来已来。

优化营商环境,"以市场主体需求为导向"被称为"建设","以深刻转变政府职能为核心"可谓之"革命"。殊途同归,其致一也。优化营商环境在路上。

二十三、优化营商环境工作中的
三个疑问

（2022 年 7 月 24 日）

营商环境是生产力、竞争力。在建设全国统一大市场背景下，营商环境的优劣直接关乎市场主体的兴衰、生产要素的聚散、发展动力的强弱。营商环境评价作为衡量营商环境水平、反映营商环境建设成效的重要手段，引领并督促优化营商环境工作。如何统筹好部门业务与优化营商环境工作、借助评价真实全面反映营商环境水平、充分发挥"以评促改、以评促优"机制效力，有必要解答以下三个"疑问"。

一、为什么有的地方经济发展水平高，但营商环境不一定优

　　营商环境是经济发展的充分非必要条件。营商环境好，经济发展一定会好；经济发展好，并不代表营商环境一定优。从理论而言，营商环境是企业等市场主体在市场经济活动中所涉及的体制机制性因素和条件，很大程度上属于"软实力"，主要体现在改革的理念、举措和成效，优化营商环境重点在改革体制机制、增强制度供给。经济发展水平除了与营商环境有关，基础设施、资源要素、产业基础等"硬支撑"不可忽视。从实践来看，当初很多资源禀赋受限、欠发达的地区，都以"向改革要动力"而获得成功。从世行多年的营商环境报告来看，营商环境评价排名与经济体量并不完全对称，如新西兰和新加坡，连续多年营商环境排名全球前一二。开展过营商环境评价的省市、承担过评价工作的机构也普遍认同，如果营商环境水平与经济体量完全对应，营商环境评价势必多余。从评价来看，无论是世行，还是国家及部分省市的营商环境评价报告，披露了很多提升营商便利度的优秀案例，广泛分布在各评价对象

所在的地域和部门，并非完全集中在某些发达的地区或城市。另外，评价所采用的"前沿距离计分法"也间接肯定，所有参评对象都有"领先"的可能，对各指标领域不预设最优标准，不预判最佳"选手"。

二、为什么有的单位或部门业务水平高，但优化营商环境工作不一定有成效

广义而言，行政部门的所有工作都与优化营商环境有关，审批、监管、服务等都直接或间接地服务市场主体。狭义的优化营商环境，主要围绕企业全生命周期，提升政务服务便利度，即营商环境改革。业务工作与营商环境改革的成效不一，主要原因有：一是优化营商环境要求紧扣市场主体需求。业务工作大多自上而下，强调执行与落实。优化营商环境工作"自下而上"，从市场主体需求出发，以提升企业办事创业便利度为目标，关注市场主体获得感。二是优化营商环境重点在改革。业务工作多以规范化为准则，以既定制度为依据，强调"照章办事"。优化营商环境鼓励探索原创性、差异化的改革举措，以先行先试带动制度创新，将改革经验固化为制度，以制度供给提升营商

便利度。三是优化营商环境强调联动协同。业务工作注重流程，并且业务事项是划分部门或相应职权的原始依据之一。优化营商环境，强调"高效办成一件事"，要求多部门多职能"串联"改"并联"，"单一窗口"改"综合窗口"，提倡"一枚印章""一支笔"管审批。上下联动、部门协同很大程度上决定了优化营商环境工作的成效。

三、为什么有的部门工作绩效考核好，但营商环境评价成绩不一定优

营商环境评价的初衷是为投资者和企业家提供参考，作为招商引资主体的各地政府，显然也更感兴趣更重视。营商环境评价是对参评区域营商环境现状的比较，也反映一定周期内各地各部门优化营商环境工作的成效。正确看待营商环境评价结果与部门工作绩效之间的关系至关重要。一是两者考查的内容不同。营商环境评价只涉及政府部门或公用事业单位与市场主体打交道的部分职能，而部门绩效考核一般是根据部门职责确定范围。由于各单位各部门服务企业的职能不一或数量不同，营商环境评价与部门工作考核并不等效。二是两者采用的体系和标准不同。以世

行营商环境评价为例。从市场主体需求出发，以各事项作为基本评价指标，不论事项在行政部门的职责分工，完全以便利度为考量依据。因此在营商环境评价中，往往一个指标涉及多个部门，而且只占每一个部门工作的少部分。部门工作考核，一般只涵盖本部门职能，有明确边界。三是评价方式不同。营商环境评价因为涉及企业和政府部门两类主体，一般采用第三方评价。部门工作考核由于职能和绩效目标都由"上对下"设定，组织内部开展即可，并且以"上对下"考核为主。另外，营商环境评价是通过多个参评对象的相对比较，而部门工作绩效，一般依据既定的职责和目标，从评价标准和结果来看，前者标准不确定、结果相对，后者标准确定、结果较绝对。

国家《优化营商环境条例》强调，营商环境评价要坚持以市场主体感受和公众满意度为导向 [1]。因此，营商环境评价和部门工作考核，彼此都不宜"一石二鸟"。

---

[1] 2019 年 10 月 22 日，中华人民共和国国务院令第 722 号《优化营商环境条例》第一章 第八条 . https://www.gov.cn/zhengce/content/2019-10/23/content_5443963.htm

二十四、县市优化营商环境工作之"难"

（2022年5月6日）

县市是市场主体的重要载体，随着"放管服"改革推进，县级政府部门越来越多地承担直接面向市场主体的审批、监管和服务职能，县市成为优化营商环境的"前沿阵地"。国家《优化营商环境条例》明确要求，"县级以上人民政府有关部门应当按照职责分工，做好优化营商环境的相关工作"[1]。

2018年以来，国家营商环境评价已实现对31个省（区、市）全覆盖，评价范围拓展至部分地级及以上共80个城市

---

[1] 2019年10月22日，中华人民共和国国务院令第722号《优化营商环境条例》第一章 第七条．https://www.gov.cn/zhengce/content/2019–10/23/content _5443963.htm

和 18 个国家级新区。与此同步，部分省（区、市）也将对所辖地市的营商环境评价延伸至县市。直接面向市场主体，如何建设感受度最强、满意度最高的营商环境，县市重任在肩。县市在优化营商环境工作中究竟存在哪些难点，几点观察供探讨：

一、理念之"困"

国家《优化营商环境条例》定义，"营商环境是指市场主体在市场经济活动中所涉及的体制机制性因素和条件"[1]，这就明确了优化营商环境的实质，重在改革体制和机制，以优化制度供给，解决市场主体在经济活动中遇到的"堵点痛点难点"。由于县市在其他工作领域，多是贯彻落实和执行，因此，部分县市对"自主改革""先行先试"尚未有理念突破和思想准备。各级政府在优化营商环境领域，要着重解决好"不愿改、不敢改、不会改"三个问题，部分县市部门对'为什么要改""为什么由我们来改"等

---

[1] 2019 年 10 月 22 日　中华人民共和国国务院令第 722 号《优化营商环境条例》第一章　第二条 . https://www.gov.cn/zhengce/content/2019-10/23/content_5443963.htm

前提性问题认识不足，"一年等、二年看、三年四年人一换"的现象，在某些县市优化营商环境的部门的确存在。从营商环境的部分指标领域，或承担优化营商环境工作的部分县市部门等微观层面来看，对优化营商环境工作的重点是"改革"，仍缺乏系统、全面、科学的认识。一是对营商环境改革认知不足，尚未与日常事务区分开来；二是改革探索依赖顶层设计，存在"等靠要"思想和唯条件论观念；三是对于改革中的过失及其责任相互推诿，存在避责思想。

二、实践之"难"

以市场主体需求为导向，深刻转变政府职能、创新体制机制，是打造市场化、法治化、国际化、便利化营商环境的重要保障。部分县市优化营商环境工作在机构编制、人员配备、专业能力、协同联动、成效评估、激励机制等方面仍存在不足。在机构与人员方面，县市普遍难有专设的优化营商环境机构或部门，营商环境改革"面大、业专、时长"与机构队伍建设相对滞后存在矛盾，营商办人员大多身兼数职，导致其各项职能发挥受限。在改革探索方面，因思想畏难、业务不专、协调不畅等，自主改革与承接、落实上级改革任务，都存在开头难、推进难、评估难等问题。在业务指导方面，由于营商环境涉及的范围广、部门多、业务细，再加上目前大多数评估方法和指标体系都属于"舶来品"，县市层面还存在研究不够深入、理解存在偏差、改革思路不活等问题。在协同联动机制方面，由于营商环境改革可能触及部门利益藩篱，再加上责任分工与考核体系导向，县市各部门在垂直联动与平行协同方面还存在部分障碍，部分县市尚未建立畅达有效的营商环境改革协同机制。

三、评价之"忧"

建立和完善营商环境评价体系，充分发挥评价对优化营商环境的引领和督促作用，是落实"以评促改、以评促优"机制的有力举措。尽管世行强调，对各地营商环境的评价与排名，是为投资兴业的市场主体提供参考，但目前大部分营商环境评价结果，还是成了考核各地政府部门的依据之一。县市作为营商环境参评对象，或多或少呈现几类困惑：一是"怕"。县市习惯遵照执行落实，现有营商环境评价中的答题、填报、打分等，是大部分县市部门的天然短板，面对各类评价指标体系、问卷、案例佐证材料，多数部门和人员感到无所适从。二是"推"。受制于部分评价指标的针对性、适用性和科学性，无审批、监管或服务事权的基层部门尽力"往上推"，交叉或边缘化的事项尽可能"向外推"，不懂不熟不强的指标内容部门人员之间"内部推"。三是"慌"。当评价结果用作激励与问责依据，部分县市或其部门将优化营商环境工作的目标，单一地"瞄准"评价，淡化改革，忽视日常优化提升工作，甚至有少数评价靠后的地方或部门，寄希望于通过"不断模考""突击应考"来争取得分和排名。

优化营商环境永远在路上，优化营商环境工作须坚持长期主义。处处皆营商环境，县（市、区）离市场主体最近，优化营商环境任重道远。

第四篇

对营商环境相关领域的思考

二十五、几个小故事对科技成果转化的启示

（2023 年 8 月 22 日）

推动科技成果转化是促进科技与经济结合、实现创新驱动发展的重要手段，是贯彻落实创新驱动发展战略的重大具体举措。科技成果转化涉及领域广、环节多、关系复杂，如何准确把握规律，正确处理政府引导和市场调节的关系，充分发挥企业的主体地位，科学界定各类主体的权利和责任，分享以下几个小故事带来的一些启示。

一、红娘与媒婆。 科技成果转化主体最直接的是成果转让与受让两方，即供给与需求两侧，除此之外，政府引导与中介服务发挥着越来越重要的作用。在科技成果转化过程中，中介机构多被形象地称为"红娘"，即做好供给与需求

的对接服务，特别是搭建好高校及科研院所与企业之间合作的桥梁。民间说法，"红娘"与"媒婆"是有区别的。"红娘"一般只负责牵线搭桥，结果靠姻缘。而"媒婆"有如下特点：一是明确的目标导向，一以贯之，负责落地；二是遵循"密室"规则，多方研判，下手即准；三是多方面做工作，包括双方父母、亲朋好友，苦口婆心；四是追求少而精，讲求名声，一对不成不涉下一对；五是着眼长远，从娃娃抓起（当然现在不允许"娃娃亲"了）。类比之下，当下科技成果转化中，"红娘"不少见，"媒婆"却少有人做。

二、漂流和冲浪。科技成果转化究竟是从供给还是需求出发，理论探讨与成功实践各有千秋，这也是类似目前科技创新到产业发展争论比较多的"顺向"与"逆向"问题。漂流与冲浪本都是一项极限运动，漂流却逐渐成了休闲娱乐，民间的解释是："水上漂"比"迎头干"要轻松太多。"逆向"科技成果转化如冲浪，知难而进、乘风破浪，从以下几个方面切实体现了科技成果转化的要义：一是"以用为导向"，供给侧与需求侧角度的科技成果，类似产品与商品的区别，只有符合市场需求的产品才能称为商品；二是以企业为主体，要承认并允许部分科技成果有价无市，但尽可能避免市场主体"有求无应";三是发挥市场的力量,尽可能通过企业、中介机构等市场力量,打破部分科技成果输出的阻力;四是借势不如乘机,通过解决具体案例形成改革经验进而上升为制度,比坐而论道地理顺体制机制要更容易;五是大市场才有大格局,海大才能浪高,同一件事在不同的时间、不同的人看来差别明显,科技成果的应用价值正是如此。类比之下,科技成果转化中,不乏漂流的欢乐,但少了些冲浪的刺激。

三、唱戏与看书。科技成果转化是将科技转化为生产力,被喻为"纸变钱",也可理解为从理论到实践的过程。如何做好科技成果转化服务,除了实践中的供需对接、交易评估等,研究同样不可忽视。有故事说乡间有条河,河一边的人喜欢戏曲,唱的人多看的人也多,另一边的人爱看书,读书出息的不少,当地人的经验是"想读书就少过河"。关联到科技成果转化,除了鼓励更多力量参与成果转化服务,专门研究成果转化的规律是非常必要的。开展科技成果转化相关的研究,至少可以解决目前的几个问题:一是授人以鱼还是授人以渔,一对一地解决供需对接问题,并不符合规模化市场规律,也很难持续解决普遍性问题;二是不同视角与协同实践，研究的重点是从不同视角找出问题、协同立场提出解决方法，如深入分析供给与需求的关切、政府与市场的分工，明确政策导向与行动举措来畅通转化；三是信息对称与供需匹配，梳理和汇总科技成果的供需信息，只是分别充当了供需方的助理角色，还未真正进入成果转化中介服务环节，即信息对称并未解决供需匹配；四是"顺向"或"逆向"转化路径，科技成果转化服务于地方产业，路径选择必须基于当地产业发展实际，科技成果转化理论完全源于实践，有些理论阶段性服务于实践即完成使命，并不具有普遍指导意义；五是错位与互补，无论是实践还是理论，有观点认为科技成果转化服务应该以专业技术作为基础，但作为政府引导以及研究，应该与成果供需双方的知识或经验形成错位或互补，即解决体制和路径问题，而不是对专业技术的研判。类比之下，科技成果转化中，具体的供需对接是服务，从事成果转化研究也是服务。

科技成果转化受转化对象、转化主体、转化活动、转化环境、市场接受等多方面因素影响，促进科技成果转化，做好科技成果转化服务需更大范围、更大力度地汇聚各方智慧和力量。

二十六、深圳创新的细微观察

（2023 年 7 月 1 日）

今年 6 月，武汉市党政代表团先后赴大湾区、长三角先进城市考察学习，就如何对标长三角和大湾区加强科技创新讨论较多。近两天的深圳之行感触较深，暂且就一些"走马观花"谈点浅见薄识：

一、活跃。流动性是经济活跃度的直观衡量，物流、资金流，最终还是看人流（量），人是生产要素的主要载体或主导者。消费看马路和商场，生产经营看厂房和办公室，经济景气与这两个方面的人流量正相关。对深圳及南方的人气活跃度有几点印象：高铁站，近段时间武汉与深圳之间的高铁票异常紧俏，出发只能抢票到广州再延，回程完全无票。武汉出发的以学生出游为主，特别是中小学夏令营。从广东乐昌站开始，商务和务工年轻人渐多。长途短途、消费生产，目的地都是深圳。餐馆，南山区内餐厅很火爆，中午部分餐厅还需要等位，估计有的需翻台接待两轮，但下午两点前都基本用餐结束。人多但吃得挺快，时间明显珍贵。写字楼，两天在南山区进了4幢不同的写字楼，看了多层多个公司的办公区，10多部电梯的办公楼进出特别繁忙，有意在每栋楼多观察了几层，入驻率均较高。在一家公司其中的一小间办公室，粗略看上去应该挤了6~8人。夜宵，酒店位于一处更新改造后的老工业区，原来的几栋约七层的员工宿舍，现在统一修缮后出租给了附近上班的员工，晚上11点后，路边摊炒粉炒面锅与勺的碰撞声很有特色。夜宵，北方细火慢烤、南方烈火爆炒，节奏明显不同。行李箱，机关干部和企业老板，出差的行李箱或背包，在办公室或车上似乎成了常规装备和标配，如果不知晓对方是刚出差回来，给人的遐想就是"说走就走"的下一站出差。

二、专注。对某件事的专注主观上取决于两个方面，即凭什么和为什么，如果专注只是因为兴趣，不一定可靠也不一定持久。有效市场、有为政府，政府与企业如何建立"双向奔赴"的共同主题，创新成为共识。在深圳及南方，大家在关注什么：公务人员的话题，谈企业和项目是兴奋点，对一批创业"新秀"在什么时候、哪几位合伙人、在什么领域、有什么技术和产品、发展现状及融资情况等如数家珍，对目前一些产业、企业了如指掌。宏大叙事少，实例探讨多。创新创业者的谦逊，几家企业的创始人都是技术或行业专家出身，介绍企业或项目都非常简洁，重点只讲两个方面内容，在做什么、做成了什么，即使被问及营收与盈亏、融资与负债等敏感话题，也都直接说数据，给人信任与信心。政策与服务的理念，在深圳高房价背景下，如何控制创新创业成本是值得研究和学习的，在创新最密集区，企业实际负担的写字楼租金约 60 元 / 平方米 / 月，有点让人惊叹和羡慕。不卖地、创新普惠，应该是历史与现实助力深圳创新创业的"左右手"。智库与专业机构支撑，深圳及南方的很多体制机制创新都来源于市场，特别是专业机构和专家们的知识贡献。深圳的智库和服务机构与当地的科技创新主体一样，市场化主体、市场化运营，并且以市场作为研究的主战场，很好地利用了深圳改革发展的诸多实验或现实场景，很多理论、观点、知识和工具都源于实践、用于实践。

三、开放。越开放越自信，越自信越开放。深圳的特质并不是全国各地"移民"的简单集合体，从某种意义而言是深圳改革开放的新生体。深圳的开放特别是"对内"开放，或许是"沾亲带故"的，很多人都有"内地"情结。与深圳及南方人交流交往自在随和。"南山区里挖呀挖"，各地的招商"内卷"，也一度让深圳感到压力很大，其中创新公司聚集的南山区更甚，各地招商、各种渠道，都希望能在这里找到"好苗子""新物种"。据说是省市领导提出"格局要大"，才给包括南山区在内减了压。厚植沃土，扎根越深越难拔走，事实也给了当地更充足的自信。"社会实验室"是引自在深圳的一位知名专家师长提出的概念。深圳的政府部门、企业和智库，都意识到协同创新的重要性，特别是在数字技术领域，写字楼里的创新很难解决复杂的市场应用问题，欢迎各地提供、鼓励企业走出去寻找多场景、大场景，这一思维很有开创性。政府大格局、企业大市场。"失败的案例"，初次交流，大部分企业很少会主动讲过去失败的一些"故事"，深圳是不是个例外？遇见的多位企业家、创业者和投资人，都或多或少讲了各自"抱憾"的几个案例，包括技术路线、商业模式、基金投资、合资合作等。对内善于总结、对外开诚布公，失败的案例于人于己都会避免或减少失败的经历。

理想驱动创新，梦想驱动创业。夜色中的深圳湾热烈壮阔，临海的建筑错落有致，几栋新的高楼巍峨耸立，是不是当年有意"留白"的空间给了新建筑拔节生长的机会？同样，创新之都、梦想之城，是否有意留给了众多创新创业者如此机遇？

二十七、人工智能对营商环境建设的"革命"

（2023 年 4 月 16 日）

近日出差路上无事，试着用 AI 问了一个问题，"请对湖北省 17 个市州的营商环境进行评价并排名"，同样的问题连续追问了三次：第一次，直接拒绝，称作为"大语言模型"，不对政府部门的工作进行评价；第二次，委婉拒绝，作了很多解释，营商环境评价是理论和实践都科学性很强的工作，需咨询参考专业机构和专家；第三次，果断回复，"根据 2021 年中国营商环境评价，湖北省 17 个市州营商环境排名如下……"显然，覆盖湖北省市州的国家营商环境评价，实际上无据可考，AI 回复的排名当然也不宜深究。但通过这一"游戏"带来了一些思考和启发，有朝一日，当下营商环境建设中的几个问题，可能都不再是问题。

一、**社会信用体系**。目前无论市场主体还是个人，全生命周期内，信息量足够多，被多处记载，也应该足够全。多数人认为当前信用体系建设的难题是信息的归集。深层次而言，信用平台建设的难度，应该是如何让人愿意把所有真实的信息，都诚实地告诉给一个公认权威的平台，包括自然人、法人，以及持有各类信息的部门或机构。人工智能的贡献，不仅是智能、聪明，最大的优势可能是自身的"诚信"，即识别、传递尽可能真实的信息。预计有一天，当有人通过AI直接问：某某人或某某公司信用怎么样？可能很快就会获得一个全面且相对准确的企业或个人信用"画像"。

二、**政策"免申即享"**。现有的政策平台陷入了传统思维和技术路线的循环，多数仍是立足行政管理或服务的角度，努力建设企业库、政策库、项目库，并尽力将三者打通。就企业而言，最希望的是只需要一个既了解其企业，又最了解政策的"超强大脑"。企业默认对其了解是基于跟踪过的多方面信息，不再是通过提交数据、回答提问来临时完成，对政策的解答也不只是将政策条文堆砌、推送。如果还需要如此"一事""一策"的匹配，平台功能只能称得上"智能中介"。预计有一天，当某企业问AI：在某一段时间某一地有什么适用的政策？可能很快会得到一张完整且满意的清单。

三、满意度评价。包括现有的某些营商环境评价，市场主体和群众满意度评价往往是被优先考虑的指标内容。涉及满意度评价，信度和效度是始终存在的两大难题。即使是现场调研或座谈会，很大程度上取决于调研者智慧和被调研对象的勇气。如果确信人工智能将来足够聪明、诚实，多数的满意度调查可能只需要问 AI 即可。预计有一天，问及某地某部门某窗口甚至某人办事服务的能力、效率、态度如何，AI 的回复可能比现有的"好差评"系统更有理有据。

洪水过后无堵点。营商环境建设如果再在制度、技术层面来一场"革命"，很多"不敢改""不会改""不愿改"的问题将会迎刃而解。人工智能可能就是。试想，当一个工具或系统足够聪明、便捷，且诚实、可信，现在的一切就有可能会改变。未来不可怕，可怕的是我们从现在开始就不敢面对。

二十八、组建数据局对营商环境建设的裨益

（2023 年 3 月 13 日）

当今社会，数字资源、数字经济对经济社会发展具有基础性作用，对于构建新发展格局、建设现代化经济体系、构筑国家竞争新优势意义重大。此次国务院机构改革确定组建国家数据局，将负责协调推进数据基础制度建设，统筹数据资源整合共享和开发利用，统筹推进数字中国、数字经济、数字社会规划和建设等，由国家发展和改革委员会管理。组建数据局对营商环境建设有何积极影响和作用？个人观点供参考。

一、数据共享是当前政务环境建设的关键

我国的政务信息化建设已有近40年历程，从办公自动化，到电子政务（1999—2014），到互联网＋政务（2014—2018），到数字政府（2019年至今），打造泛在可及、智慧便捷、公平普惠和数字化服务体系，成为政务服务的目标要求。当前，从营商环境便利度来看，信息化解决了政务服务从"线下"到"线上"的问题，但如何完全实现"一网通办"，数字化成为关键。此次提出的"数据资源整合共享和开发利用"，一定程度上表明，数据应该遵循"不求所在，但求所用"原则。新要求下如何围绕数据共享提升政务水平：一是要以流程再造为牵引实施系统重构。数字化不能再以多平台多接口互联互通，如目前较多办事流程中，仍需核验企业身份，究竟是受理部门调取信息来完成核验，还是将需求发送到信息库自动核验，需要有清晰的逻辑和明确的标准。二是数据整合共享成为考核要点并形成倒逼机制。如前例所述的企业身份验证，如果核验信息缺失或有误，责任应在企业身份信息的归集部门。三是逐步形成各部门既"便民利企"又"利他"的行为自觉。

将来除了服务好办事主体外，及时完整准确地汇集数据，以满足其他部门需要或服务其他部门，成为重要绩效考量，应用与归集数据同等重要。

二、数字技术应用是世行宜商环境评价的重要内容

世界银行新的营商环境评价体系（暂称"宜商环境"，简称 BEE）将围绕企业全生命周期，以及与企业开办、运营和注销等相关的十大主题进行，包括企业准入、经营场所、公用事业连接等。每个主题分为监管体系、公共服务以及实践效率三个维度。另外特别强调，每个主题中还将考虑数字技术应用、环境可持续性、性别平等三大因素。BEE虽然不从总体上评价电子政务或互联网监管，但在任一具体指标范围内都将考量与数字化应用相关的内容，包括：一是在线公共服务的可及性。如"企业准入"将评估是否有可用的公司注册电子系统。二是信息获取。如"国际贸易"将衡量是否有专门的政府网站提供关于国际贸易监管要求的信息。三是电子存储。如"经营场所"将涵盖地籍信息的电子存储和跨部门的数据共享问题。四是交互性。如"金

融服务"将涵盖电子支付监管，并衡量电子支付的时间和成本等。较世行原评价体系（DB）的"法规、样本、便利度"评价逻辑，迭代为"监管体系、数字技术、实践成效"。初步判断，对数字技术应用的考量，将影响综合评价成绩30%~50%。

三、数字技术可能完全改变营商环境评价的指标和方法

世行也承认，受制于经济性原则以及技术的可用性，指标的选择、评价的方法，都可能屈从于简便易操作。国家《优化营商环境条例》强调的"开展营商环境评价，不得影响各地区、各部门正常工作，不得影响市场主体正常生产经营活动或者增加市场主体负担[1]"，背后需要数字技术支持。目前多数评价过程，包括网上填报、数据抓取、实地核验，仍未完全做到"无感评价"，并且因为数据、结果相对滞后，对改革的指导性欠佳。预计未来：一是评

---

[1] 2019 年 10 月 22 日，中华人民共和国国务院令第 722 号《优化营商环境条例》第一章 第八条 . https://www.gov.cn/zhengce/content/2019–10/23/content_5443 963.htm

价指标的细化将基于可实时采集的数据资源。如企业开办，从预约到电子执照生成的环节和时间；纳税可即时选定标准企业并提取相应的税费成本。二是评价方法由样本回溯变为过程跟踪。世行新的评价体系拟通过现有的监管体系、公共服务，以及两者合成的实践效果进行评价，预计将来有可能通过具体的行为来实时分析营商环境现状，如线下办事环节中，企业或群众等待的时长可能比办理的时间更有说服力。三是改变市场主体满意度调查的方式。目前评价中的问卷、电话访谈、座谈会本身"有扰"，且可能结果失真。将来数字技术可能会实时"感知"企业或群众在办事过程中的满意或不满意，并及时分析原因，变"以评促改"为"即评即改"。

四、数据局统筹协调的职能可能会进一步提升和加强

比较此次机构改革中涉及的科技、金融、数据三大领域，组建数据局并由发展改革委管理，可能只是第一步。上一轮机构改革后，广东、福建、浙江、贵州等地就已成立了省级数据管理机构，名称、部门设置各异，大多还是

围绕数字政府建设，此次数据局职能明显扩大，包括数字
经济、数字社会等。结合建设全国统一大市场等相关文件，
预计未来数据局进一步升格或者从上到下垂管也不无可能。
一是数据本身属于新经济、新产业、新要素，管理模式仍
需探索。对数据资源要素的开发利用，目前全球都尚未有
成熟规则，特别是在促进经济发展、服务整个社会数字化
转型过程中，如何兼顾数据安全和信息保护，还需要持续
研究和实践。二是从建设全国统一大市场的要求来看，数
据要素自由流动需要全国统一的协调机制，因为地区差异，
各地数据富集程度不一、数据价值高低不一、前后者参与
的积极性不一，不利于数据流通共享。三是从数字政府建
设，以及就政务服务层面而言，上下数据互通共享亟待突
破。从部分地方近年来的营商环境评价中反映的问题来看，
基层部门归集、上级部门存储，数据只上不下、信息左右
不通的问题还比较普遍。

不久，各地或将组建或重组数据局，参照国家数据局，
部分地方很可能也由发展改革部门管理。同属发展改革部
门统筹的营商环境、数据，将有利于协同发力，值得期待。

二十九、政务服务与营商环境的关系

（2022 年 6 月 9 日）

一流的政务服务是一流营商环境的前提。政务服务直接面向市场主体和群众百姓，是政府部门各类公共服务供给的前端，对增强市场主体满意度、激发市场活力发挥着重要作用。建设市场化法治化国际化营商环境，政务服务尤其重要。准确把握政务服务与营商环境的关系，是促进两者相得益彰、共同提升的前提。

一、营商环境不只是政务服务

营商环境是指企业等市场主体在市场经济活动中的体制机制性因素和条件，是政府及公用事业单位对市场主体履行审批、监管、服务等职能的概括。从理论而言，营商环境的内涵和外延大于政务服务。政务服务是营商环境对市场主体的终端供给，属于制度转化的成果。营商环境改革的成效多数通过政务服务惠及市场主体，大部分市场主体通过政务服务直接体验和感知当地的营商环境。从法规和制度层面而言，政务服务是营商环境的一部分。《优化营商环境条例》共七章，其中第四章共17条为"政务服务"，相关内容对线下窗口、线上大厅、服务标准、行政许可清单、中介服务等都明确作出了规定。从结构来看，政务服务与保护市场主体、市场环境、监管执法等共同服务于营商环境建设[1]。从实践而言，政务服务不能取代营商环境改革。世界银行新、旧营商环境评价体系，基本逻辑都是注重考察政府部门是否围绕服务企业"全生命周期"进行体制机制改革，世行没有将"政务服务"单独作为评价指标，而是通过"制度—服务—成效"层层推进的方法，从多个事项领域来综合比较和评判营商环境的优劣。

---

[1] 2019年10月22日，中华人民共和国国务院令第722号《优化营商环境条例》第四章. https://www.gov.cn/zhengce/content/2019-10/23/content_5443963.htm

二、优化营商环境是要从根本上改善政务服务

优化营商环境始终强调要通过改革，一方面直接降低市场主体的制度性交易成本，另一方面以建设公平的市场环境为基础，引导市场主体充分竞争，从而降低运营成本。优化营商环境对提升政务服务的主要作用体现在：一是通过营商环境改革触及政务服务的最底层。政务服务是制度实践，流程再造一般要经过先行先试再过渡到制度性安排，政务服务类似于餐宫的前厅，包括"点菜"和"上菜"，但提升满意度的最深层次在后厨，在于"做菜"，特别是每一道菜的烹饪流程和品控。同理，营商环境评价中的每个事项、每个指标，有如这每一道菜。二是通过营商环境优化贯穿政务服务的全链条。政务服务从"一门""一窗"到"一网"，将所有服务企业与群众的事项先集中再分块，最后打通成"一站"。政务服务大厅从过去的一个部门一个窗口，到一件事一个窗口，再到现在的"综合窗口"，是将各类审批和服务环节，由"块"压缩至"面"，由"面"压缩至"线"，再压缩到"点"，块太沉、面太广、线太长，只有点最精准，因此便利度得到逐步提升。三是通过营商

143

环境提升倒逼政务服务标准化。无论是营商环境评价的指标，还是政务服务强调的"一件事"，将不同区域、部门、层级的事项，尽可能用相同的逻辑和方法，让程序、时间、成本等尽可能量化，便于横向可比、互学互鉴，有助于将改革的实践沉淀为一系列的制度或规范，不断推进政务服务标准化。

三、优化营商环境与政务服务相互促进的思路

提升市场主体投资与营运的便利度，是优化营商环境与政务服务的共同使命。营商环境是企业生存的土壤，政务服务好比园丁，土沃、人勤，方能苗壮。优化营商环境与政务服务有机融合、相互促进，不仅更加利企便民，也将极大地提升行政效率和治理水平。一是充分发挥政务服务的"触角"作用。政务服务直接接触企业和群众，能及时了解需求、感知效果、接收建议，为营商环境改革及时提供"切口"和方向。优化营商环境应重点关注来源于政务服务领域的企业诉求和反馈。二是积极放大营商环境的"底盘"效应。随着"放管服"改革的深入，基层政务服务直接面向市场主体，如何将营商环境改革的成效传递至

离市场主体最近的地方，如何将各领域各部门改革的场景放在政务服务的最前端，是精准提升市场主体获得感和满意度的重要命题。三是科学借鉴营商环境的"全生命周期"的理念。政务服务较营商环境而言，除了要服务企业等市场主体之外，还需服务群众百姓。营商环境重点关注的是企业"全生命周期"中的各事项，并且以此形成了相应的评价指标体系，较好地发挥了"以评促改，以评促优"机制效力。目前有地方或机构，已研究或探索出居民"全生命周期"服务规范及评价体系。

三十、疫情过后的几点观察和思考

（2022 年 5 月 28 日）

1. 咖啡馆、茶楼、饭馆关了一些，开着的客人也不多，在这些地方谈大项目和融资的声音少了、小了很多。大场面讲 PPT 的，除了少部分专家还在坚持，创业者和企业家已经明显少见。清静下来未必不是好事，现在或将来，应该会有更多的人投入实干或实业中去。

2. 各级政府都在为失业率操心，特别是大学生和年轻人的就业问题。部分群体可能第一次真正体会到，"读书不一定有用，有用不一定持久"。对于那些两年全职考研、一年全职"考公"的毕业生来说，是一次深刻的社会教育。刚毕业时学历还是一张"门票"，错过了时节好难再成为"饭票"。

3. 是不是在都比较困难的年月，大家才有时间把部分人的"坚持"称颂为美德。经济好时，"坚持"好像和"固执""保守"是同义词。有些人就是因为懊悔没抓住一波波行情，被洪流裹挟，错上了人最多的那一班车。无论大盘、底盘、方向盘，坚持做好自己的事才是基本盘。

4. 常态化疫情防控可能不需要你做什么，但弦外之音已经提醒，要学会视疫情或者困境为常态。生产生活都不能"等靠要"，以前需要 3 个月铺底资金的，现在可能要预备半年到一年。准备长期经营的企业，还得要边"屯粮"边"屯兵"，光有粮草将来是不能打仗的。

5. 对劳动者个体而言，灵活就业并不是长久的营生。市场才是"灵活"的最大受益者，你随时可能被替代。还是更需要能把劳动者稳定用好管好的企业等组织，不然经济社会的管理难度太大。这一轮过后，很多人可能不再相信创业导师，不得不相信自己的亲爹亲妈，"找个好单位、好老板，老老实实地磨炼几年"。

6. 引导消费的理念可能会变，新消费不是研究大众特别是年轻人喜好什么，立志长远的商家一定要思考，这一代人究竟"应该"需要什么。卖给合适的人优于卖给需的人，卖给需要的人优于卖给喜好的人。有些群体还不能完全做到理性、合适消费，社会就更需要良心销售。

7. 很多人都在预测和分析，疫情散去和经济振作后的新机会，想多了往往就跑偏了，传统的业态和商机并不会消失，只是有的需要升级，有的将更聚集。消费领域不需要太多"高精尖"，譬如医疗健康方面，重点可能在眼、牙和精神等，手机、饮料和不聚集就是病因之一。

8. 普遍都感到困难的时候可能也是最公平的时候，可以评述，但不必抱怨。小企业会危中有机，政府保护你、大企业不敢欺负你、同行没有精力扯你。浪大的时候，有人被推上天、有人被拍上岸、有人被卷入海，此时很多人都还陷在泥里，能多走一步每个人都只能拼自己的体力。

9. 国家在建大市场、大循环，我们更要做好小生态、微循环。保护市场主体，最持久最有效的就是保护好市场。企业的小生态，就是必须讲规则，保持和所有利益相关方互利。很多生产生活生意都要回归本源，譬如社区、街边的便利店一定是要有的，不可能一包方便面都得由快递、外卖两兄弟从厂家直供。

10. 时间是有限的，但能量是守恒的。时间去哪儿了，不一定带来生产和消费，有可能只是消耗。游戏和视频消耗的流量，大抵和生产用电量成反比。有些经济更应该看看劳动者是谁，消费者又是谁，而不是笼统的产值。麻将馆老板每天都在创收，但我们很容易误认为桌上的玩家才是劳动者，因为他们最用心用力。

后 记

社会科学同样存在"两张皮"现象，有些研究也很难进入应用领域，与自然科学领域成果转化所不同的是，多数是因为从理论到实践不能"深入浅出"，一方面研究不深，只学方法不究原理，另一方面"科普"不够，只讲理论不举实例。以世行的营商环境的评价为例，当我们经历从研读"原著"到完成某区域的试评价后，觉得它的确是一个很科学、很合理的体系，以下是我们总结的一些基本逻辑。

一、不贪大求全

世行营商环境评价体系不以多少论"英雄"，在指标选择、样本类型以及样本数量方面追求少而精。

指标方面，以横跨企业全生命周期，包括"开办企业、办理施工许可证、电力供应、登记财产、获得信贷、保护中小投资者、纳税、跨境贸易、执行合同和办理破产"十大领域作为评价指标。样本类型方面，同一指标以在各经济体中均存在且最为普遍的企业类型或是案例类型。样本数量方面，单个经济体以其最大商业城市或是最大两个商业城市作为研究范围。

少则得，多则惑，世行营商环境评价体系化繁为简，从而达到简而专的效果。

二、尽量不打扰

世行营商环境评价过程非常低调，不过多宣扬，不搞大规模调研，在外界完全没有感知的情况下将整个评价完成。

这主要取决于世行独特的组织形式以及评价对象选择。一方面世界银行集团在全球130多个地方设有办事处，员工来自170多个国家，分散在不同国家的员工对所在国家较为熟悉和了解，同时可以持续性地开展营商环境评价工作。另一方面世行营商环境调研对象选取了各地对营商环境感知最直接的专业人士。权威的结果源于统一的标准和了解当地实践的客观评价，而不是其他。

分散的组织形式以及相对集中的调研对象，使得评价过程流程化和专业化，于无声中将评价工作有序推进。

三、对事不对人

世行营商环境评价体系不针对某一具体的人的办事

效率、服务态度等，而是强调监管规则的重要性。

这主要体现在评价内容方面，一部分指标以"程序、时间、成本"为评价内容，探究单个经济体中，企业在遵循政策法规前提下所能达到的最佳实践，该实践结果仅受监管规则约束；另一部分指标以涉法问题为评价内容，完全采取客观评价法，即提问方式为"法律有没有规定""能不能起诉"等，有就是有，没有就是没有，法律的正确解读只有一种。

清晰、透明、高效的监管规则，有助于推动市场运行，优良的营商环境即政府要实现"聪明的"监管，不对企业发展设置不必要障碍，而不是一味减少监管或没有监管。

四、选择相信

世行营商环境评价方式体现出对参评经济体及其监管部门的高度信任，对于指标评价结果，以各国举证的案例或者最佳实践进行计分，同时允许进行政策文件资料的补充。

为方便世行专家在核验答案时一目了然，世行专家建议我国，向世行提供一份MEMO，按照"测评问题、中国答案、作为支撑的法律或规范性文件、具体条文、实践做法与典型案例"五个要素，逐一列明。

这种举证得分的方式，一方面更容易得到各参评国家的配合，各国可以拿最好的案例或者最佳实践参评；另一方面也于无形中给各参评国家以改革压力，自己举证的案例必然是本国较为合适或是较优的，公之于众必然要付诸实践。

五、不无中生有

世行营商环境评价遵循理论在前、实践在后，每一个指标背后都有一篇经典文献作为理论支撑。

例如，"开办企业"（Starting Business）作为世界银行营商环境评价指标体系中的第一项，以4名国外学者共同撰写的著名文献——《准入监管》（The Regulation of Entry）作为理论依据。文献按照提出关于"准入监管"的两类截然相反的观点，然后以大量的实证数据来证或证伪的思路，描述了85个经济体准入监管的必要程序，以及完成这些程序所需花费的时间和费用。

以理论文献作为研究基础，使得整个评价工作更具权威性和说服力。

六、循序渐进

世界银行营商环境评价指标体系并非一蹴而就，而是在历年的实践中逐渐修正和完善的。

参加评价的指标由少增多，指标名称逐渐规范，且通过以先试用几年再正式参评的方式进行指标确定；同时，世界银行从 2003 年开始，连续多年对全球 100 多个经济体的营商环境进行评分排名，随着这一评价影响力的逐渐扩大，越来越多的国家加入参评行列。截至 2018 年，世行营商环境报告由 2003 年的 5 项评价指标和 133 个经济体，已发展为 11 项指标并涉及 190 个经济体，其中 10 项指标已纳入报告排名，另有"劳动力市场监管"1 项指标的数据正在试用，暂未纳入排名。

循序渐进的工作方式使得世行营商环境评价体系具有一定的可调节性，为更多的经济体接受和认可。

七、大道至简

世行营商环境评价报告采取较为直接、简单的方式，在指标便利度分数计算方面无须花费太多的精力。

一是对各分项指标得分采取简单平均法计算便利度分数，而没有赋予不同指标不同权重。二是针对 11 个人口超过 1 亿的经济体（包括孟加拉国、巴西、中国、印度、印度尼西亚、日本、墨西哥、尼日利亚、巴基斯坦、俄罗斯和美国），对其两个最大商业城市的数据按人口数量进行加权平均。例如，中国选取的是北京和上海，根据人口数量确定权重分配，上海占比 55%，北京占比 45%。

这种计分方法浅显易懂、便于操作，对后续指标的增加或者商业城市的替换具有一定的灵活性。

八、公开代表自信

世界银行在推进营商环境评价工作时，坚持将评价理论、评价方法以及评价结果等向公众公开，体现出对整个评价工作的高度自信。

世行每年举办营商环境主题大会，搭建平台，交流经验，共同推进营商环境改革。2018 年 11 月 2 日，北京市人民政府、财政部联合世界银行主办的优化营商环境高级别国际研讨会在北京召开，研讨会以"优化营商环境实践及未来改革探索"为主题，搭建平台，交流经验，共同推进营商环境改革。

这种公开公正、坚持与全球对话的方式，有利于加深公众对评价体系的理解，帮助被访谈人正确作答，进而保证评估结果客观公允。

九、制度比人重要

一个国家或者地方的制度有所改进，那么这个国家或地方的整体营商环境将会得到改善。

世行营商环境评价的一个基本理念是：领导更替频繁，做法也会因人而异，只有制度相对稳定，因而才是可靠的。世行这一逻辑的背后有一个很容易理解的假设，只要改革向前，即使最差的实践也很难回到过去。从历年世行营商环境报告中可以看到，一个国家制度的改变会直接影响营商环境便利度得分和排名，即决定营商环境水平的高低。

为此，世行营商环境评价强调制度比人重要，能够较大程度上倒逼体制机制改革，推动建立稳定、公平、可预期的营商环境。

十、与他人对比，与自己赛跑

与他人对比，可显实力；与自己赛跑，才能进步。

世界银行营商环境评价报告采用动态的排名方法，显示了营商环境便利度分数和排名两个综合的评价结果，既体现出单个经济体内部营商环境的改善程度，也反映出与其他经济体的差距。营商环境便利度分数，通过比较不同年份的便利度分数，可以了解经济体内部营商环境情况；通过对比同一年份不同经济体的排名，可以反映出经济体相对于其他经济体营商环境改善的效率和效果。

优化营商环境是一项系统工程，在不断的赛跑与对比中才能推动营商环境更快更好地发展，这也充分体现了营商环境"没有最好，只有更好"的理念。

（代"后记"：原文标题《世行营商环境评价 10 个朴素的逻辑》，与公司团队合作完成，2019 年 8 月 9 日发表于"晓政"微信公众号）

李河清

2023 年 12 月 23 日